Research on the Operation Mode of
Road Freight Transportation Based on
Network Platform

网络平台
道路货物运输运营模式研究

常连玉　陈海燕◎著

人民交通出版社股份有限公司

北　京

内 容 提 要

本书根据我国网络平台道路货物运输经营管理最新政策法规的有关要求,结合网络平台道路货物运输企业发展实际和国内外最新研究成果,系统阐述了网络平台道路货物运输的基本理论,重点研究了实际承运人评价与选择、运力资源配置与优化、信息平台设计与建设、利益分配与风险防范等网络货运运营问题,并结合数学模型计算和典型实例分析,给出了合理的决策建议。

本书可供货物运输物流企业特别是网络平台道路货物运输企业的管理人员学习使用,也可供科研院所从事网络平台道路货物运输研究的研究人员及网络平台道路货物运输行业管理干部学习参考。

图书在版编目(CIP)数据

网络平台道路货物运输运营模式研究 / 陈海燕,常连玉著. —北京:人民交通出版社股份有限公司,2021.4

ISBN 978-7-114-17162-8

Ⅰ.①网… Ⅱ.①陈…②常… Ⅲ.①公路运输—货物运输—经营方式—研究 Ⅳ.①U492.3

中国版本图书馆 CIP 数据核字(2021)第 052058 号

Wangluo Pingtai Daolu Huowu Yunshu Yunying Moshi Yanjiu

书　　名:	网络平台道路货物运输运营模式研究
著 作 者:	常连玉　陈海燕
责任编辑:	董　倩
责任校对:	孙国靖　宋佳时
责任印制:	张　凯
出版发行:	人民交通出版社股份有限公司
地　　址:	(100011)北京市朝阳区安定门外馆斜街 3 号
网　　址:	http://www.ccpcl.com.cn
销售电话:	(010)59757973
总 经 销:	人民交通出版社股份有限公司发行部
经　　销:	各地新华书店
印　　刷:	北京虎彩文化传播有限公司
开　　本:	720×960　1/16
印　　张:	6
字　　数:	106 千
版　　次:	2021 年 4 月　第 1 版
印　　次:	2021 年 5 月　第 2 次印刷
书　　号:	ISBN 978-7-114-17162-8
定　　价:	38.00 元

(有印刷、装订质量问题的图书由本公司负责调换)

前　言

长期以来,我国道路货物运输市场主体呈现"多、小、散"特征,运输组织高度分散,市场主体间信息不对称,运输要素缺乏有效整合,运输组织效率低下。网络平台道路货物运输(以下简称网络货运)通过互联网平台及大数据、云计算技术,实现对要素资源的精准配置、科学组织、合理调度,对于推动道路货物运输企业转型升级、优化市场发展格局、促进行业集约化发展具有重要的意义。

随着《网络平台道路货物运输经营管理暂行办法》及配套政策的出台和实施,制约网络货运发展的宏观政策瓶颈不断被突破。而作为一种新业态新模式,网络货运的发展还面临微观层面的瓶颈制约,特别是如何评价和选择实际承运人、如何优化配置运力资源、如何构建信息平台等运营问题,困扰着企业的发展,亟待研究解决。

为提升网络货运企业决策科学化水平,实现对运力、货源、信息等要素资源的有效整合、精准配置和合理调度,降低运营风险,提升网络货运服务质量和效率,促进网络货运企业健康稳定发展,我们撰写了《网络平台道路货物运输运营模式研究》。

本书共七章,第一章、第二章、第五章、第七章由陈海燕编写,第三章、第四章、第六章由常连玉编写。在本书成稿过程中,长安大学胡大伟教授、北京交通大学钱大琳教授、交通运输部运输服务司原调研员严季提供了无私的帮助和指导,在此深表感谢!

由于作者学识有限,书中难免存在不足之处,敬请批评指正。

作　者
2021 年 1 月

目 录

第一章 概述 ·· 1
  第一节 网络货运的概念及特点 ··· 2
  第二节 网络货运的发展现状 ·· 5
  第三节 网络货运运营模式研究内容、方法及技术路线 ······················· 8

第二章 网络货运理论基础 ·· 11
  第一节 市场中间层组织理论 ·· 12
  第二节 相关民法典基础理论 ·· 13
  第三节 资源整合相关理论 ··· 15

第三章 网络货运合作伙伴选择 ··· 19
  第一节 网络货运合作伙伴定义及类型 ··· 20
  第二节 网络货运合作伙伴选择指标体系 ·· 21
  第三节 网络货运合作伙伴选择方法 ·· 23
  第四节 网络货运合作伙伴选择案例分析 ·· 27

第四章 网络货运运力资源优化 ··· 31
  第一节 网络货运运力资源优化相关概念 ·· 32
  第二节 网络货运运力资源优化配置模型 ·· 34
  第三节 网络货运运力资源优化算法设计 ·· 35
  第四节 网络货运运力资源优化案例分析 ·· 36

第五章 网络货运信息资源整合 ··· 42
  第一节 网络货运信息资源 ··· 43
  第二节 网络货运信息资源整合模型和技术分析 ······························ 46
  第三节 网络货运信息资源整合路径 ·· 50
  第四节 网络货运信息资源整合案例分析 ·· 58

第六章 网络货运运营机制分析 …………………………………… 61
  第一节 网络货运利益分配机制 ………………………………… 62
  第二节 网络货运合作机制 ……………………………………… 65
  第三节 网络货运风险防范机制 ………………………………… 67
第七章 对网络货运运营模式研究的结论与展望 ………………… 78
参考文献 ………………………………………………………………… 82

第一章 CHAPTER

概述

网络平台道路货物运输运营模式研究

本章主要阐述网络货运的概念、特点、运作模式及与传统道路货物运输组织模式的区别和联系,分析网络货运的发展现状及面临的问题和挑战,并介绍本书的框架和研究内容。

第一节 网络货运的概念及特点

一、网络货运的概念

网络货运是网络平台道路货物运输的简称,也称道路货物运输无车承运,是互联网与道路货物运输行业深度融合的产物。根据《网络平台道路货物运输经营管理暂行办法》(交运规〔2019〕12号),网络货运是指经营者依托互联网平台整合配置运输资源,以承运人身份与托运人签订运输合同,委托实际承运人完成道路货物运输,承担承运人责任的道路货物运输经营活动。网络货运经营不包括仅为托运人和实际承运人提供信息中介和交易撮合等服务的行为。网络货运是互联网与货运物流行业深度融合的典型代表,依托互联网平台汇聚大量物流信息,通过大数据、云计算分析实现要素资源精准配置、科学组织、合理调度,对优化市场发展格局、充分发挥平台企业规模经济效应、带动行业集约化发展具有重要作用。

推进网络货运发展,是交通运输行业发展平台经济、培育发展新动能、促进一二三产业跨行业融通的重要举措,对于加速提升物流发展水平,增强各行业创新能力,构筑经济社会发展新优势、新增长点具有重要意义。

二、网络货运的特点

网络货运具有以下三个主要特点:
一是强大的资源整合能力,能够有效提高物流的集约化程度。
二是品牌效应,通过严格规范合作单位的经营行为,提高物流服务品质和管理水平。
三是网络化优势,通过优化运输组织,减少车辆空驶,降低物流成本。
网络货运在美国已成为十分普遍的物流组织模式,如美国最大的第三方物流企业罗宾逊公司是开展网络货运业务的典范,它自身不拥有货车和场站设施,但利用互联网平台,与4.7万户的中小货运企业和个体运输户建立长期合作关系,2018

年企业营业收入达到166亿美元(其中运输收入为25.9亿美元)。

三、网络货运的属性

网络货运的属性体现在以下三个方面：

一是法律属性。网络货运企业属于承运人的范畴,与有车承运人享有同等的权利,承担同样的责任。

二是责任及风险。网络货运企业承担运输过程中的主要责任和风险。运输过程中如果发生货物损失,网络货运企业可按照与实际承运人签订的合同向其进行责任和风险追偿。

三是盈利模式。网络货运企业分别与托运人与实际承运人签订合同,通过赚取运费差价获取利润。

四、网络货运的运作模式

网络货运企业与分散的、规模较小的运输企业或个体签署合作协议。一方面,这些分散的、规模较小的运输企业或个体作为实际承运人,承担实际运输任务;网络货运企业则负责提供货运任务、车辆的组织调配和信息技术支持。另一方面,网络货运企业以自己的名义负责寻找货源,与货主签订运输合同,并承担承运人的权利和义务。

网络货运企业通过联合小、散、弱的运输企业形成合作或联盟,从而可以更好地满足托运人的需求,同时可以为实际承运人争取更合理的运价,有利于实际承运人专注于运输环节,实现专业化分工,提升货运市场的整体运作效率。

五、网络货运与传统货运组织的区别

1. 货物运输中介组织的分类

在我国道路货物运输的发展过程中,由于运力信息和货源信息不对称,有车无货、有货无车的现象十分普遍,大量道路货物运输中介组织应运而生,在一定程度上缓解了供需双方的矛盾,减少了车辆空驶问题。按照其在运输业务中所承担的责任和风险的差异,货物运输中介组织主要可以划分为以下两种类型。

1) 货主代理

货主代理是指受货主企业(又称托运人)的委托,以委托人的名义,为货主企业办理货物运输及相关业务,并收取劳务报酬的经济组织。货主代理方便了小型托运人的托运活动,使很多小型托运人不用亲自到承运人处办理托运业务,同时也简化了承运人的作业。货主代理会根据托运人的要求,合理安排运输方式,节约费用,避免运力浪费。

(1)法律属性:属于中介服务,按照委托代理合同承担相应的责任和义务。

(2)责任及风险:按照委托代理合同的约定,承担合同条款规定的责任和风险。

(3)利润点:货主企业给予的佣金。

2)货物运输经纪人

货物运输经纪人是指在市场上为交易双方当事人充当媒介而获取佣金的中间商人。经纪人是具有独立法律地位的中间人,不占有商品,主要作为运输合同双方的媒介,促进双方交易成功以获取佣金。目前我国运输市场普遍存在的公路货物运输信息配载企业、公路货物运输信息网站,实际上就发挥着公路货物运输经纪人的作用。

(1)法律属性:属于中介服务性质,主要为运输合同双方提供撮合服务,应按照民法典中的中介合同承担相应责任和义务。

(2)责任及风险:按照中介合同的约定,承担合同条款规定的责任和风险。

(3)利润点:由托运人、运输企业均摊(若提供订立合同的媒介服务),若仅为向委托人报告订立合同的机会,则由委托人(实践中一般是运输企业)按照约定支付报酬。

道路货物运输是以成熟货物运输中介为核心的网络组织结构,货物运输中介是运输需求方和分散的运力之间的中间层。运输供需双方通过货物运输中介进行集中交易,将分散的运力资源整合起来,并采用集约化的组织使承运人、托运人和运输工具的相互组合达到最佳;利用信息系统,依托固定的运输基础设施和运输线路构成网络体系集散货源;通过科学有效的运输组织管理技术合理安排车辆在运货物。货物运输中介相当于整个运输链条的润滑剂,它有机地结合托运人与承运人,提高了整个运输服务效率。

2.网络货运与货物运输中介组织的区别

随着运输市场的发展,货物运输中介组织对零散运力资源的整合优化功能逐渐被发掘,为了获得更多的利润空间,它也倾向于延伸自身业务链条,向托运人提供越来越完整和质量更优的运输产品,从而逐步演变为网络货运。从承担的法律责任角度来看,网络货运企业应属于承运人范畴,但在发挥的功能作用上,则类似于货物运输中介,它其实是货物运输中介发展到一定阶段后出现的一种高级形式。原有的货物运输中介通过延伸自己的业务领域,进一步整合上下游业务链条,可以为托运人提供更加便利的服务,也为自身争取和创造了更丰厚的利润。

与传统的货主代理、货物运输经纪人相比,网络货运企业在运作模式、承担的责任和风险、利润点等方面有着本质的差别(表1-1)。

网络货运企业、货主代理、货物运输经纪人之间的差别　　　表1-1

类　　型	风险责任	利　润　点	与实际承运人关系	与托运人关系
网络货运企业	作为承运人,承担运输过程中所有的责任和风险	名义运输费用与实际运输费用之间的差价	与实际承运人签订运输合同	签订运输合同
货主代理	代表货主,承担代理合同内规定的责任和风险	代理费用	以托运人的名义与承运人签订运输合同	签订委托合同
货物运输经纪人	仅承担承运人和托运人之间的撮合责任,撮合成功后其责任义务即结束	撮合费用	签订中介合同	签订中介合同

一是责任风险范围不同。货主代理与托运人签订委托代理合同,受托运人委托承担相应的责任和义务;货物运输经纪人与托运人、承运人签订中介合同,为双方提供撮合服务,撮合成功后其责任义务即结束;网络货运企业则与托运人、实际承运人签订运输合同,承担运输过程中所有的责任和风险。

二是利润点不同。货主代理的利润主要来自于托运人给予的佣金;货物运输经纪人的利润主要来自于托运人支付的信息服务费用;网络货运企业的利润主要来自于名义运输费用与实际运输费用之间的差价。因此,从总体上看,货主代理和货物运输经纪人均属于货物运输中介服务的性质,而网络货运企业则属于承运人的范畴,承担承运人的所有责任和义务,拥有承运人的所有权利。

第二节　网络货运的发展现状

一、网络货运发展过程

近年来,随着移动互联网技术与道路货物运输行业的深度融合,我国道路货物运输市场涌现出了网络货运等新的经营模式。尤其在"互联网+"背景下,网络货运企业依托移动互联网等信息技术搭建信息平台,通过管理模式创新,集约整合和科学调度车辆、仓储等运力资源,能够有效提升运输效率,优化货物运输市场格局,规范货物运输企业经营行为,降低运输成本,推动道路货物运输业健康稳定发展。网络货运的出现,无疑为破解我国道路货物运输业发展瓶颈、提升道路运输集约化水平、促进道路货物运输业转型升级和提质增效提供了有益的发展思路,将会对行业发展产生重要的影响。

第一,从对行业的影响看,网络货运促进了货物运输资源的集约整合,带动了行业提质增效。这种新业态打破了道路货物运输供需双方的信息壁垒,促进了运输市场中各类分散资源和要素的有效衔接,实现了运输全链条上各方式、各主体、各环节的一体协同,促进了组织模式创新,带动了行业提质增效。以惠龙易通平台为例,它从网络货运起步,逐步汇集了公路、铁路、水运等物流资源,截至2016年9月,该平台已在全国发展会员管理单位103家,平台用户超过49万户,在线交易货物量达12.2万吨/日,平台上线20个月总营收达到12亿元人民币。另外,网络货运还为政府创新监管模式、提升治理能力和治理水平提供了有力的手段。道路货物运输业市场主体众多、经营分散、流动性强,行业监管难度大,违法违规、超限超载、不诚信经营的问题较为突出。网络货运企业通过运力资格审查、统一服务标准、在线诚信考核等市场化手段,能够有效规范平台上众多中小企业和个体运输户的经营行为,净化市场经营环境,推进行业发展"零而不乱、散而有序"。同时,网络货运平台提供的大数据,为建立道路货物运输企业信用体系、完善信用约束机制提供了有力支撑,有利于加强道路货物运输企业事中事后监管。

第二,从对运输企业自身发展的影响看,网络货运平台使得中小型货物运输企业实现了集约化发展。网络货运平台有效对接货源和运力,降低了层层转包的交易成本,减少了车辆无效空驶和等货时间。同时网络货运平台使得网络货运企业可以根据货源情况,综合运用甩挂运输、多式联运、轴辐式运输、节点运输等方式开展业务,降低运输成本,提高服务质量。一方面,网络货运企业通过整合区域内的中小型货物运输企业,能够减少企业间的低水平恶性价格竞争,提高整体竞争力,尤其是议价能力,降低竞争成本,提高企业效益。另一方面,中小型货物运输企业通过与网络货运企业合作,既可以扩大业务,又可以保障经营的独立性和灵活性。另外,网络货运企业以信誉和有约束力的合同为基础,可以保证所提供信息的准确性。George Akerlof给出的柠檬市场模型表明,如果买方对产品质量的了解不如卖方,市场会因为"劣币驱逐良币"而无法存在,次品市场无法实现交易的潜在利益。网络货运企业通过对运输企业服务能力和信用信息的有效选择,可以获得这些本来会丧失的利益。Biglaiser发现,在逆向选择市场上引进中间层组织可以增进效率。由于存在规模经济,中间层比单个的买者更愿意投资质量监督。同时因为承诺削弱了市场的机会主义并减少获得对生产性资产的所有权及控制权的需要,所以网络货运企业通过集中管理交易活动,建立起信誉,能够有效克服道路货物运输市场道德风险和逆向选择的问题。因为建立了交易制度,网络货运企业的存在提高了市场效率,促进提升了道路货物运输服务水平,所以网络货运成为行业主管部门推动行业转型升级的主要抓手,也成为道路货物运输企业创新发展模式的必然选择。

第三,从网络货运的发展环境看,近年来,行业主管部门出台了一系列推动网络货运发展的政策措施。2016年9月,交通运输部办公厅印发《关于推进改革试点加快无车承运物流创新发展的意见》,在全国选择了229家"互联网+"货物运输物流新业态企业,围绕健全制度、完善标准、创新模式等方面,组织开展无车承运人试点工作。在系统总结无车承运人试点经验的基础上,交通运输部和国家税务总局于2019年9月联合印发《网络平台道路货物运输经营管理暂行办法》及配套的税务政策,将试点期间的"无车承运"更名为"网络货运",并对网络货运企业的法律定位、经营管理、监督检查进行了具体规定。2020年以来,相关部门又发布了《关于进一步做好网络平台道路货物运输信息化监测工作的通知》《关于开展网络平台道路货物运输企业代开增值税专用发票试点工作的通知》等多项网络货运新政策。上述一系列的举措,为网络货运新业态规范化发展营造了良好的制度环境。

二、网络货运发展面临的困境

随着《网络平台道路货物运输经营管理暂行办法》及相关政策制度的出台实施,我国网络货运行业发展政策环境逐步改善,网络货运经营日趋规范化。不过,网络货运仍属于新业态新模式,还面临不少制约因素,大部分网络货运平台存在着重线上、轻线下的现象,运营模式不成熟、资源整合能力弱、一体化服务能力差、可持续发展能力不强等问题突出,主要体现在以下四个方面。

1. 网络货运合作伙伴(实际承运人)选择科学性、稳定性不够

我国道路货物运输业是一个主体众多、经营分散、市场化程度高的服务行业,市场中存在着大量良莠不齐的中小型货物运输企业,如果选择不当,就会导致货损、骗货、卷货外逃等风险。如何科学选择优质的运输企业作为合作伙伴,对于网络货运企业的生存发展至关重要。但是在现实中选择合作伙伴时,常常依靠"关系"或合作经历等经验判断,缺乏科学有效的选择标准和决策办法,给网络货运企业发展带来经营风险。

2. 网络货运运力资源未能得到有效整合，业务组织化、协同度不高

科学有效的运力资源整合和调度是网络货运企业竞争能力的重要体现。网络货运企业接到运输任务后，会组织众多的中小型货物运输企业、车队甚至个体业户的车辆、设备等运力资源来完成运输任务。目前网络货运企业缺乏有效的科学的组织调度方法和设计有效的运输方案，难以实现车、货资源的高效对接，多个主体的协同协作。

3. 网络货运信息资源整合能力有待增强

网络货运企业主要利用互联网平台和移动互联网技术来整合分散的车辆、货源、站场等运输资源，并实施调度，信息技术在其运营管理中起着至关重要的作用。但是，由于与网络货运企业合作的中小型货物运输企业的信息化建设较为滞后，信息极为分散，网络货运企业面临的重要问题就是如何有效整合和集约利用众多合作伙伴的信息，为客户提供一体化、智能化的运输服务。

4. 网络货运运营机制有待完善

网络货运运营中涉及众多托运人和实际承运的中小型货物运输企业，管理协调难度很大。而我国网络货运发展处于起步阶段，尚未建立完善的运营管理体系，运营机制和管理经验明显不足。

以上问题可以总结为"网络货运企业未能有效实现货物运输资源的有效整合"，即网络货运的运力资源、信息资源、组织资源等各类资源要素未能实现充分整合，形成新的核心资源体系。

为此，本书以网络货运运营管理为研究对象，针对不同层面和各环节资源要素选择、优化配置和合理利用的关键问题进行深入研究，旨在破解制约我国网络货运发展难题，促进网络货运规范化、可持续发展。

第三节　网络货运运营模式研究内容、方法及技术路线

一、研究内容

本书对于网络货运运营模式的研究内容主要包括以下七个部分。

(1) 阐述网络货运的基本概念和发展现状及存在的问题。在此基础上，提出本书的主要研究内容和研究思路。

(2) 阐述与网络货运相关的基础理论。

(3) 研究建立网络货运合作伙伴模型，构建合作伙伴选择指标体系，分析影响

网络货运企业选择伙伴企业的关键因素。

(4)研究建立网络货运运力资源优化配置模型,对运力、货源和运输线路进行匹配和优化。

(5)阐述信息资源的类型和整合需求,研究网络货运信息平台的结构设计及信息整合功能如何实现。

(6)研究网络货运企业运营过程中的合作机制、利益分配机制、风险管理机制。

(7)对网络货运运营模式研究的总结和展望。

二、研究方法

本书对于网络货运运营模式的研究方法主要有以下三种。

1. 定性与定量结合

在研究中可采用定性分析与定量分析相结合的研究方法。在网络货运基础理论研究部分,可重点采用定性分析的方法。在网络货运运力资源整合优化、合作伙伴选择、运营管理机制等部分,可采用数学规划模型等定量研究和数理推导。

2. 理论与实践相结合

在对网络货运资源整合及其各主要部分的概念、内涵、运行机制等进行理论分析的基础上,结合实际案例进行应用分析,可形成一套网络货运理论与实践相结合、理论指导实践的研究体系,也是本研究的价值所在。

3. 归纳与演绎相结合

在研究中可采用归纳推理与演绎推理相结合的研究方法。通过归纳推理,抓住事物发展和问题的本质,归纳概括出一般规律。在对网络货运内涵特征、资源整合体系分类以及各部分相关研究综述等方面,可采用归纳推理的分析方法,提出相关核心观点和结论。在提出运作模式、构建相关数理模型等方面可进行演绎推理。通过归纳与演绎方法相结合,可提出我国网络货运基础理论方法体系。

三、研究技术路线

本书对于网络货运运营模式的研究技术路线如图 1-1 所示。

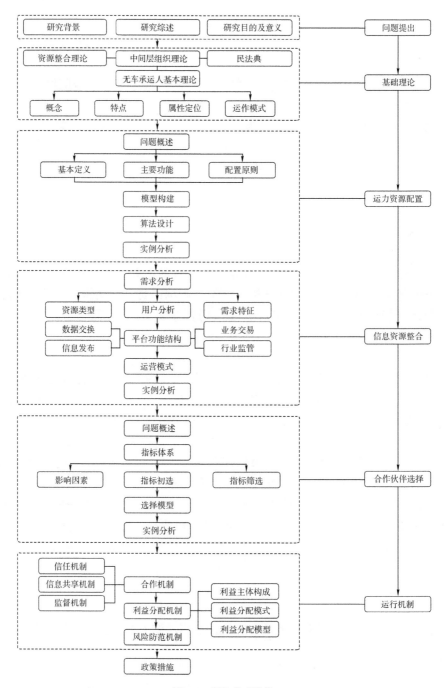

图1-1 研究技术路线

第二章

CHAPTER

网络货运理论基础

网络平台道路货物运输运营模式研究

本章对网络货运的基础理论及国内外研究现状进行了梳理和总结。网络货运的理论基础主要包含市场中间层组织理论、相关民法典基础理论、资源整合相关理论。

第一节　市场中间层组织理论

一、中间层组织理论

从经济学理论来看,对于各类要素相对分散,尤其是信息不对称的市场,通过第三方的有效组织促成双方的交易,比双方的直接交易更具有优势,这个承接交易双方的第三方在经济学中被称为"中间层"。中间层的理论是美国西北大学的丹尼尔·斯帕尔伯在1999年提出的。斯帕尔伯认为,企业的出现是因为经由中间人的交易比消费者和供货人之间的直接交易能够带来更多的利益。市场是通过中间层组织的策略定价和缔约行为来实现市场均衡或市场出清的。当由中间层组织介入所带来的交易成本节约足够大,或买卖双方通过中间层的交换收益超过直接交换的收益时,厂商就会形成。市场的效率依赖于相互竞争的中间层组织以及它们所创造的交换制度的成本与收益的对比。

通过中间层的交易比双方的直接交易更具有优势,这些优势主要体现在以下几个方面:通过交换的集中化来降低交易成本;减少搜寻和讨价还价的成本;减少道德风险和机会主义行为;减轻逆向选择的影响;促使买卖双方做出可信的承诺;通过放权来减少内部监督的成本。

二、运输市场的中间层组织

杨涛、荣朝和将中间层理论运用到运输市场中,提出"在运输市场及其相关的物流市场上,同样存在着需求方、基本运输供货方和中间层组织这样三类市场主体"。运输市场上的中间层组织包括旅行社、订票公司、货运代理、报关行、保险公司、联运组织、有关快递公司和物流公司等。这些中间商在降低市场的交易成本上起到了非常重要和不可替代的作用。运输的中间层组织存在多种类型,存在着一个从完全直接提供运输服务到完全由中间商实现服务的谱系(图2-1)。

从图2-1可以看出,运输市场的运营商实际上由基本运输业务运营商和中间性质业务运营组成,前者提供点到点的运输位移服务,后者侧重于通过要素和信息的集约,为托运人提供更加完整的运输产品,一方侧重运输位移服务,另一方侧重运输组织服务,二者相互配合,共同为托运人提供运输服务。在图2-1中,从右至左,中间层组织在运输供给中所承担的责任越来越大,从只提供信息服务的经纪人向货运代理、无船承运人转变,进而向第三物流企业转变,从某种程度上也体现了中间层组织在引导道路货物运输市场不断演化和发展中的重要作用。

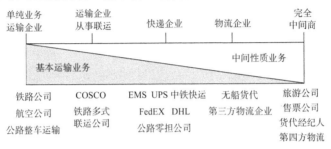

图 2-1 运输市场运营商分类示意图

可以看出,包括货运代理在内的运输中间层组织是运输市场微观结构的重要组成部分,它在运输市场中发挥着重要的作用,具体如下:

一是有效降低交易成本。由于运输市场,尤其是道路运输市场,信息不充分和不对称的现象较为普遍,因此,承托双方的直接交易存在较高的信息搜集成本和履约成本,中间层组织通过专业化分工能够有效搜集各类信息,实现信息的汇集,从而降低由于信息不对称带来的各种交易成本。

二是利用规模经济提升运输效率。由于中间层组织具备各类信息有效汇集的优势,能够通过优化实现不同资源进行集约配置,如货源的集中配置和运力的统一调配,从而有效实现运输的网络经济,降低运输成本,提升运输效率。

三是提升运输服务品质。中间层组织能够利用其信息及资源的优势,运用自己的专业技术知识和高效率的经营组织,为托运人提供完整、快捷、方便、可靠的运输服务。如现代物流服务是从货物运输位移不断向两端延伸服务而出现的,而具备资源优势的中间层组织具有向物流服务延伸的基础条件。

四是降低基本运输业务运营上的风险。中间层组织通过长期可信的批量签约和履约能力,降低运输基本业务运营商的风险,并能够在与供需直接交易的竞争以及其他中间组织的竞争中把握自身盈利的空间。

第二节 相关民法典基础理论

《中华人民共和国民法典》于2021年1月1日起正式实施,根据《中华人民共和国民法典》中的相关规定,与道路货物运输相关的合同主要有运输合同、委托合同、中介合同三种类型,具体分析如下。

一、运输合同

货物运输合同是承运人将货物从起运地点运输到约定地点,托运人或者收货人支付票款或者运输费用的合同。从事公共运输的承运人不得拒绝托运人通常、合理的运输要求。承运人应在约定期间或者合理期间内将货物安全运输到约定地点。承运人应按照约定的或者通常的运输路线将货物运输到约定地点。托运人或者收货人应支付票款或者运输费用。承运人未按照约定路线或者通常路线运输增加票款或者运输费用的,托运人或者收货人可以拒绝支付增加部分的票款或者运输费用。

承运人对运输过程中货物的毁损、灭失承担损害赔偿责任,但承运人证明货物的毁损、灭失是因不可抗力、货物本身的自然性质或者合理损耗以及托运人、收货人的过错造成的,不承担损害赔偿责任。货物的毁损、灭失的赔偿额,当事人有约定的,按照其约定;没有约定或者约定不明确的,依照《中华人民共和国民法典》第五百一十九条的规定确定;仍不能确定的,按照交付或者应交付时货物到达地的市场价格计算。法律、行政法规对赔偿额的计算方法和赔偿限额另有规定的,依照其规定。

两个以上承运人以同一运输方式联运的,与托运人订立合同的承运人应对全程运输承担责任。损失发生在某一运输区段的,与托运人订立合同的承运人和该区段的承运人承担连带责任。货物在运输过程中因不可抗力灭失,未收取运费的,承运人不得要求支付运费;已收取运费的,托运人可以要求返还。法律另有规定的,依照其规定。

托运人或者收货人不支付运费、保管费或者其他费用的,承运人对相应的运输货物享有留置权,但是当事人另有约定的除外。收货人不明或者收货人无正当理由拒绝受领货物的,承运人依法可以提存货物。

二、委托合同

委托合同是委托人和受托人约定,由受托人处理委托人事务的合同。委托人可以特别委托受托人处理一项或者数项事务,也可以概括委托受托人处理一切事务。受托人应按照委托人的指示处理委托事务。受托人应亲自处理委托事务。经委托人同意,受托人可以转委托。受托人应按照委托人的要求,报告委托事务的处理情况。委托合同终止时,受托人应报告委托事务的结果。

委托代理有两种情况：一种是受托人以自己的名义，在委托人的授权范围内与第三人订立的合同；另一种则是以委托人的名义与第三人签署合同。在第一种情形下，第三人在订立合同时知道受托人与委托人之间的代理关系的，该合同直接约束委托人和第三人，但有确切证据证明该合同只约束受托人和第三人的除外。

委托人应预付处理委托事务的费用。受托人为处理委托事务垫付的必要费用，委托人应偿还该费用及其利息。

受托人处理委托事务取得的财产，应转交给委托人。受托人完成委托事务的，委托人应向其支付报酬。因不可归责于受托人的事由，委托合同解除或者委托事务不能完成的，委托人应向受托人支付相应的报酬。当事人另有约定的，按照其约定。

有偿的委托合同，因受托人的过错给委托人造成损失的，委托人可以要求赔偿损失。受托人超越权限给委托人造成损失的，应赔偿损失。两个以上的受托人共同处理委托事务的，对委托人承担连带责任。

委托人或者受托人可以随时解除委托合同。因解除合同造成对方损失的，除不可归责于该当事人的事由外，无偿委托合同的解除方应赔偿因解除时间不当造成的直接损失，有偿委托合同的解除方应赔偿对方的直接损失和合同履行后可以获得的利益。

三、中介合同

中介合同是中介人向委托人报告订立合同的机会或者提供订立合同的媒介服务，委托人支付报酬的合同。

中介人应就有关订立合同的事项向委托人如实报告。中介人故意隐瞒与订立合同有关的重要事实或者提供虚假情况，损害委托人利益的，不得要求支付报酬并应承担损害赔偿责任。

中介人促成合同成立的，委托人应按照约定支付报酬。因中介人提供订立合同的媒介服务而促成合同成立的，由该合同的当事人平均负担中介人的报酬。

中介人促成合同成立的，中介活动的费用由中介人负担。中介人未促成合同成立的，不得要求支付报酬，但可以要求委托人支付从事中介活动支出的必要费用。

第三节　资源整合相关理论

一、企业资源整合方面的研究

企业资源理论主要是研究企业的内部资源、企业的能力、知识等，这些企业内部因素对企业的竞争优势的影响。国外诸多学者对企业资源理论开展了相关研究,Wernerfelt、Stalk、Prahalad和Hame的研究具有代表性,极大地推进了企业资源理论的发展。Robinson是最早对企业特有资源的重要性进行研究的两位学者。他们认为,企业取得经济租金的重要因素是特有的资产或者能力。Edith Penrose在《企业成长理论》这一影响深远的著作里提出了一系列关于企业资源理论的基本思想。他认为,企业是生产性资源的集合。就其所拥有的资源来说,企业是异质的。企业资源与企业绩效存在着相关性。Wernerfelt的研究成果为企业战略理论的研究提供了新的研究范式,资源基础理论就此诞生。

关于资源的定义,Barney认为资源是半永久性附属于企业的有形和无形资产。我国一些学者认为资源是指能潜在地或实际地影响企业价值创造的所有事项。他们认为资源不仅包括企业内部资源,还包括企业外部资源。既包括企业自身拥有或可控制的资源,也包括不易或不能被企业所控制的资源。这些资源,依据其对维持和提升企业竞争优势所具有的不同作用,可以分为传统资源和新资源两种类型。其中,传统资源具有提升企业的比较竞争优势的作用,新资源具有提升企业的持续竞争优势的作用。自然资源、一般人力资源以及物质资源属于传统资源,知识、信息以及教育等资源属于新资源,新资源具有呈边际收益递增的特征。

资源整合则是一个复杂的动态过程,是指企业运用科学的方法,将不同来源、不同层次、不同结构、不同内容的资源进行识别和选择、汲取和配置、激活与有机融合,使之具有较强的柔性、条理性、系统性和价值性,并对原有的资源体系进行重构,摒弃无价值的资源,以形成新的核心资源体系。由于社会资源的稀缺性,经济学家一直致力于研究如何实现资源的有效利用。关于资源整合的研究,多集中于资源整合的内涵及其实质,资源整合的过程、能力与企业绩效的关系等方面。也有学者探索了资源、能力、环境、战略与竞争优势之间的关系。

Alfred Marshall在政治经济学中引入了力学里的均衡概念,提出了静态局部均衡理论。法国经济学家瓦尔拉斯于19世纪首次提出了一般均衡模型。Moitra与Ganesh对资源整合和能力之间的关系进行了研究。我国学者杜慕群结合国内外学者关于资源基础理论、核心竞争力、可持续竞争优势、动态能力等相关方面的研究成果,提出了资源、能力、外部环境、战略与竞争优势(绩效)整合的分析框架,这一研究框架更好地揭示了这四种因素之间的因果关系。杜慕群同时认为对企业的资源分析体现在两个层次上,一个层次是企业的个体资源,另一个层次是资源组合的组织方式,即对企业所拥有的各项资源进行优化组合,以使企业形成竞争优势。饶扬德认为企业的资源整合是以科学管理理论为依据的系统思维模式,它的目标是优化资源的配置,改善资源的产出效果与效率,充分发挥资源所具有的协同效应,使资源更具有组织嵌入性、使用不灭和再生性以及难以模仿性,以增强企业持续的竞争优势。资源整合的主要内容包括个体资源和组织资源的整合、传统资源和新资源的整合、内部资源和外部资源的整合、横向资源和纵向资源的整合。基于上述资源整合理论,提出了有效的资源整合可以重构企业发展战略的观点,给出了企业资源整合的过程模型,即资源整合需要经历三大环节:资源的识别和选择、资源的汲取和配置、资源的激活和融合,并对企业的资源整合能力进行了分析。Ge 和Dong 认为资源整合可分为两个过程:资源识取(resources identification and acquisition)与资源配用(resources allocation and leverage)。资源识取主要指对资源的识别和获取,主要是企业面向外部的行为,资源配用则是指对资源的配置和使用,是企业对其内在资源的组合和使用的行为。董保宝、葛宝山等研究了资源整合的过程、能力与企业绩效之间的关系,发现资源识取和资源配用过程通过对资源整合能力产生一定的影响进而与企业绩效之间存在正相关关系。因此,为应对快速变化的外部环境,企业应该增强资源整合能力,以提升企业持续的竞争优势。汪秀婷、程斌武通过深入分析上汽通用五菱汽车股份有限公司(SGMW)的案例,系统研究基于资源整合、协同创新的企业动态能力的演变以及在这一框架下的企业竞争优势所形成的内在机理。

二、物流资源整合

1. 物流资源整合与优化的内涵

国外学者的研究方面,Donald J. Bowersox 和 David J. Closs 等专家提出的关于综合整合理论比较有代表性,他们从物流资源的位置和结构类型,运输、仓储等成本的最优化设计,物流战略规划等方面出发,提出以上范畴的综合优化就是对物流企业资源的最优配置。Leonard-Barton Dorothy 提出了基于企业核心竞争力的资源整合理论,在明确企业核心竞争力的基础上,从企业内部和外部的相关实体资源、信息资源、业务功能、网络要素等方面进行统一规划和管理,并利用动态资源整合方法检验和发展企业核心竞争力,促进整体最优化目标的实现。

国内学者的研究方面,王之泰指出物流企业资源整合分为内部整合和外部整合两种方式,内部整合通过对物流功能、管理和组织的整合来实现,外部整合则可以分为部分整合和总体整合。网络货运的资源整合主要指外部整合。王佐认为物流资源整合应该从战略和战术两个层面进行统筹考虑,整合的内容包括信息资源、能力资源、客户资源等。陈书明认为物流资源与优化的目的是解决物流资源利用效率低和资源浪费的问题,主要通过第三方物流、第四方物流、物流要素集成、基于核心竞争能力的物流企业资源整合、综合整合等形式和方法理论研究解决。

董千里等学者,分别就整合社会物流资源、优化物流资源配置,资源整合的方法、重要性等方面做了深入研究。

2. 物流资源整合与优化的方法

V. Jayaraman 综合考虑了物流网结构、网络优化配置、物流能力的规划等因素,从物流全过程视角将其从供应商、分销中心、客户划分为三个阶段,构建了物流资源整合优化模型。T. Huth 和 D. C. Mattfeld 在动态物流网络情形下,构建了基于车辆路径优化和资源优化配置的物流资源整合方法模型。Amir Ahmadi-Javida Pardis Seyedia Siddhartha S. Syamb 则考虑了更为复杂的约束情形,分别从多个计划期和动态物流网络的角度进行建模。Zi-Kui Lin 和 Lei Chen 在模型构建时以总成本最小和物流服务水平最优为决策变量,构建了多目标约束的物流资源整合优化模型,并进行了求解。Gattorna J. 在其著作中研究了物流任务与物流资源的优化匹配问题,从时间和空间约束视角,对物流任务进行聚类划分,建立求解算法模型并以运输任务为例进行了实证分析。何宝民、董文洪等建立了以保障资源传输过程中成本等费用最小的目标函数,综合考虑队列长度、资源服从整数分组等约束条件的物流网络资源配置路径优化最短时间的非线性模型,并借鉴最小费用最大流算法对模型进行求解。夏伟怀、陈治亚等通过理论分析认为物流资源整合的本质是达到 Pareto 最优状态,基于此建立了以客户效用最大化为目标函数的物流资源整合多目标决策模型。王晓立、马士华以供应链总体满意度最大和物流成本最小为目标函数,建立了带软时间窗约束的多级供应链物流服务资源整合优化模型,并设计了 NSGA-Ⅱ算法进行求解,该研究得出的结论反映通过其物流资源整合优化,能够实现各级供应链物流的协同运作,降低成本并提高效率。

第三章

CHAPTER

网络货运合作伙伴选择

网络货运企业具有双重身份，对于真正的托运人来说，其是承运人；但是对于实际承运人而言，其又是托运人。网络货运企业在承揽到货源之后，将货源分配给实际承运人，由其完成运输任务。对于网络货运企业而言，实际承运人是最重要的合作伙伴之一，选择并拥有一批高质量的合作伙伴，是网络货运企业生存和发展的前提和基础。目前国内外针对合作伙伴问题的研究较多，取得了一定的研究成果，评价指标体系的构建也在不断完善，对影响因素的考虑不断全面升级。此外，合作伙伴选择的方法也在不断完善和创新，主要包括灰色关联分析、层次分析法、神经网络、蚁群算法等。本章采用 DEMATEL-ANP-VIKOR 混合决策模型，来评价和选择合作伙伴。

第一节　网络货运合作伙伴定义及类型

一、合作伙伴的基本定义

网络货运合作伙伴主要是指网络货运企业为了更高效、更方便、低成本、高质量地完成托运人交付的运输任务，与道路货物运输企业，即实际承运人形成稳定的合作关系。

二、合作伙伴的类型

网络货运企业作为运输市场中重要的组成部分，是运输市场重要的参与主体，可以跟运输市场上的大部分参与主体都存在合作的可能性，概括起来，可以将网络货运合作伙伴的类型分为以下几类。

(1)托运人，是指将货物托付承运人按照合同约定的时间运送到指定地点，向承运人支付相应报酬的一方当事人。托运人要求承运人将货物按期、完好地运至目的地，并可对托运货物的丢失、损坏、变质、污染要求赔偿。

(2)实际承运人，是指专门经营运输业务的运输企业，一般拥有数量不等的运载工具，按照网络货运企业的要求，完成实际货物运输工作。

(3)货主代理，是指根据委托人的要求，代办货物运输业务的机构。它们有的代理承运人向货主揽取货物，有的代理货主向承运人办理托运，有的兼营两方面的代理业务，属于运输中间人性质。

(4)货运信息企业,是指为托运人和承运人提供货源信息和车源信息的企业。

第二节 网络货运合作伙伴选择指标体系

一、指标体系的影响因素

对于网络货运企业,影响其合作伙伴评价和选择的主要因素有以下三个方面。

1. 外部环境因素

外部环境因素很大程度上属于企业合作不可控的因素,有利的外部环境有助于伙伴关系的建立和稳定发展。在合作伙伴选择过程中,网络货运企业应以市场环境变化为导向,必须考虑合作伙伴对市场环境的适应能力。外部环境主要包括:市场竞争环境、社会文化、自然地理环境、税费政策等。

2. 企业内部因素

1)合作伙伴的核心能力因素

(1)服务质量。越来越个性化的需求逐渐占据了以买方为主体的运输市场,运输服务质量逐渐成为决定性因素,其水平的高低往往是企业生存的关键性问题。网络货运企业的主要服务一般包括:售后处理速度、运输服务、服务态度等。

(2)质量因素。产品的质量是顾客选择承运人的准则,所以伙伴选择中企业的质量有很大的影响。质量因素一般包括:质量管理、质量评估、产品质量、质量体系认证情况等。

(3)价格与成本因素。价格与成本直接关系到企业的利润,往往是企业竞争力的突出体现,是伙伴选择不可避免的影响因素。价格与成本因素主要包括:运输费用、产品价格、交易成本、构建成本等。

(4)技术因素。现代化信息技术,使得运输组织技术不断发展,而过硬的技术常常被列为企业的核心竞争力。技术因素一般包括:技术保密度、技术优势、信息技术等。

2)合作伙伴的运行绩效因素

(1)财务状况因素。财务状况是伙伴企业运营状况的直接影响因素,在伙伴选择过程中必然要考虑企业的财务状况。财务状况因素一般包括:资产负债率、盈利能力、财务状况波动等情况。

(2)敏捷性与柔性因素。市场需求随时都在发生变化,而企业的适应能力和反映速度直接影响着企业生存发展的状况,反映速度和适应能力具体表现在企业的敏捷性和柔性。敏捷性与柔性因素一般包括:创新能力、适应性(适应时间、适应效果)等。

3. 企业之间的协同因素

(1)合作意愿因素。伙伴选择首要考虑的就是企业的合作意愿,只有双方企业都具有合作意愿,才能形成合作,相互协助才能使合作效益最大化。合作意愿因素一般包括:对合作的态度、认同合作程度、共同愿望、战略目标一致性等。

(2)信息状况因素。信息资源的作用日渐重要,企业信息状况因素一般包括:信息发布状况、信息处理能力、信息可靠性程度、信息标准化程度等。

二、合作伙伴选择的指标体系

根据系统全面、可行性、针对性等原则,构建网络货运合作伙伴选择的指标体系如下。

1. 产品服务质量指标

运输服务质量是衡量网络货运服务能力的主要指标。目前我国的运输企业已经达到以服务质量为核心竞争力的阶段,只有高质量的运输服务才能够满足日益提高的社会货运需求。本书主要通过货物完好率、准时率和订单完成率来反映产品服务质量。

2. 产品成本指标

托运人在选择承运人时,考虑的主要因素是服务质量和运价,而运输成本直接影响着运价。网络货运企业在选择合作伙伴时,必然会考虑合作伙伴的成本指标。如伙伴企业的运输成本过高,会直接影响网络货运企业的市场竞争力。本书以服务成本和破损成本来反映产品成本。

3. 财务风险指标

财务风险指标能够比较客观和真实地反映企业的可持续发展水平和盈利能力。网络货运企业在评价备选合作伙伴时,必然要考虑其财务风险指标。本书采用总资产周转率、总资产收益率和总资产负债率三个指标来反映财务风险。

4. 运输服务技术指标

在以往的研究中,运输服务的核心技术主要表现在路径优化和运输方式组织水平两个方面,因此在选择伙伴企业的时候要考虑运输服务技术,本书以路径优化水平和运输方式组织优化水平来衡量运输服务技术。

5. 合作兼容性指标

网络货运企业和实际承运人都期望有长期稳定的合作,彼此之间的相互依赖程度较大。如果合作伙伴企业没有共同的战略目标和融合的企业文化,会影响企业之间的沟通,造成信任危机。本书选取战略目标兼容性和企业文化兼容性来反映合作兼容性。

6.适应性指标

适应性是指企业形成合作之后适应变化的能力,这一指标体现了影响因素中敏捷性与柔性两个方面。本书以跨组织参与性、灵活性和管理相关性来衡量适应性。

网络货运合作伙伴选择的指标体系见表3-1。

网络货运合作伙伴选择指标体系　　　　　表3-1

一级指标	二级指标	一级指标	二级指标
产品服务质量	货物完好率 X_{11} 准时率 X_{12} 订单完成率 X_{13}	运输服务技术	路径优化水平 X_{41} 运输方式组合优化水平 X_{42}
产品成本	服务成本 X_{21} 破损成本 X_{23}	合作兼容性	战略目标兼容性 X_{51} 企业文化兼容性 X_{52}
财务风险	总资产周转率 X_{31} 总资产收益率 X_{32} 总资产负债率 X_{33}	适应性	跨组织参与性 X_{61} 灵活性 X_{62} 管理相关性 X_{63}

第三节　网络货运合作伙伴选择方法

一、合作伙伴选择的决策模型

根据本书构建的网络货运合作伙伴选择评价指标,采用 DEMATEL-ANP-VIKOR 混合决策模型对各合作伙伴进行定量评价。首先采用 DEMATEL(Decision Making Trual and Evacuation Laboratory,决策实验室分析)方法量化各一级指标的影响关系矩阵,建立影响关系结构矩阵;然后采用 ANP(Analytic Network Process,网络分析)方法确定二级指标的权重;最后采用 VIKOR(Visekriterjumska Optimaizacija I Kompromison Resenje in Serbian,区间数型模糊)方法对备选合作伙伴进行排序和优选。

与 BP 神经网络、层次分析法、模糊综合评价法、数据包络法等传统评价方法相比较,本书使用的 DEMATEL-ANP-VIKOR 混合决策模型法具有以下三个方面的优势:

(1)充分考虑网络货运合作伙伴选择评价指标之间相互制约、相互影响的关系,而这种制约和影响关系对最终的决策结果往往会产生较大的影响,导致决策误差,但传统方法忽视了指标之间这种关系的表达。

(2)放松了层次分析法指标之间相互独立和层次不可逆的约束条件,清晰地描述了指标和系统内部的反馈作用,并运用 ANP 进行处理,使得指标权重的计量和分配更为合理。

(3)在最终方案的优劣排序方面,综合考虑了最大化集体效用与个别遗憾的影响,与传统的综合得分排序相比更为合理。

因此,DEMATEL-ANP-VIKOR 混合决策模型法在对网络货运合作伙伴选择时,更为合理和有效。

二、确定量化指标的关系

DEMATEL 方法是一种运用图论和矩阵论进行系统要素分析的方法,由美国学者 A. Gabus 和 E. Fontela 于 20 世纪 70 年代提出。这种方法的基本原理是:通过系统内各要素的逻辑关系建立直接影响矩阵,然后通过计算每个要素对其他要素的影响度和被影响度,构造影响关系结构图。该方法被国内外学者广泛用于解决复杂的、相互关联的问题。

本书利用 DEMATEL 方法建立一级指标之间影响关系矩阵的步骤如下。

第 1 步:确定评价指标的个数,记为 $U_1, U_2, \cdots, U_n$,其中 n 为指标的个数。

第 2 步:确定各影响要素之间的关系,以 0~4 表示其影响强度(0 代表两要素间无影响,1 代表两要素间低度影响,2 代表两要素间中度影响,3 代表两要素间高度影响,4 代表两要素间极高度影响),建立一级指标的直接影响关系矩阵 A。

$$A = [a_{ij}]_{n \times n} \tag{3-1}$$

式中:a_{ij}——要素 i 对要素 j 的影响,$a_{ij} = 1,2,3,4$;

n——指标的个数。

第 3 步:将直接影响关系矩阵标准化,如式(3-2)所示。

$$D = \frac{A}{s} \tag{3-2}$$

式中:$s = \max(\max\limits_{j=1}^{n} \sum a_{ij}, \max\limits_{i=1}^{n} \sum a_{ij})$

第 4 步:计算总影响关系矩阵 T,如式(3-3)所示。

$$T = X(I - X)^{-1} \tag{3-3}$$

第 5 步:计算要素的影响度和被影响度,如式(3-4)、式(3-5)所示。

$$D_i = \sum_{j=1}^{n} t_{ij}, i = 1, 2, \cdots, n \tag{3-4}$$

$$D_j = \sum_{i=1}^{n} t_{ij}, j = 1, 2, \cdots, n \tag{3-5}$$

式中：D_i——影响度；

D_j——被影响度；

t_{ij}——指标 j 受到指标 i 的综合影响程度。

第 6 步：计算各要素的中心度和原因度，如式(3-6)、式(3-7)所示。

$$中心度 = D_i + D_j = \sum_{j=1}^{n} t_{ij} + \sum_{i=1}^{n} t_{ij} \tag{3-6}$$

$$原因度 = D_i - D_j = \sum_{j=1}^{n} t_{ij} - \sum_{i=1}^{n} t_{ij} \tag{3-7}$$

三、确定指标权重

ANP 方法是美国学者 Saaty 在层次分析法的基础上提出的一种处理复杂系统问题的决策方法。ANP 方法不仅能够处理复杂因素之间的依存和反馈关系，客观描述指标之间的联系，而且没有严格的层次限制，从而有效地解决了非独立的递阶层次结构，目前已被国内外学者广泛应用到各种领域。

在综合影响关系矩阵中，关联度较小的指标对 ANP 方法的计算权重不大，可以通过阈值 p 剔除关联度较小的关系从而简化影响关系结构。

构建未加权超矩阵 W，其形式如式(3-8)所示。

$$W = \begin{matrix} & & C_1 & & C_2 & & C_N & \\ & & e_{11} \cdots e_{1n_1} & e_{21} \cdots e_{2n_2} & e_{N1} \cdots e_{Nn_N} & \\ C_1 & \begin{matrix} e_{11} \\ \vdots \\ e_{1n_1} \end{matrix} & \left[\begin{matrix} W_{11} & W_{12} & \cdots & W_{1N} \\ \\ W_{21} & W_{22} & \cdots & W_{2N} \\ \vdots & \vdots & \vdots & \vdots \\ W_{N1} & W_{N2} & \cdots & W_{NN} \end{matrix} \right] \\ C_2 & \begin{matrix} e_{21} \\ \vdots \\ e_{2n_2} \end{matrix} & \\ C_N & \begin{matrix} e_{N1} \\ \vdots \\ e_{Nn_N} \end{matrix} & \end{matrix} \tag{3-8}$$

式中:C_N——ANP 中的一级指标,$e_{N n_N}$为二级指标;

W_{ij}——C_i 中指标对 C_j 中指标的影响力矩阵,$W_{ij}=0$ 表示 C_j 中的指标不受 C_i 中指标的影响。

构造各二级指标对 C_j 的相对重要性判断矩阵,得到归一化的权重矢量$(h_{1j},h_{2j},\cdots,h_{nj})^T$。对于$j=1,2,\cdots,N$,重复上述步骤,得到权重矩阵 $H=(h_{ij})_{N\times N}$,构造加权超矩阵 $W_h=(h_{ij}W_{ij})_{N\times N}$,对矩阵 W_h 求极限,得到极限超矩阵如式(3-9)所示。

$$W_L = \lim_{t \to \infty} W_h^t \tag{3-9}$$

如果 W_L 的极极值收敛且唯一,则各二级指标的权重即为极限超矩阵对应行的值。

四、确定最优方案

VIKOR 方法是由 Opricovic 于 1998 年提出的一种针对复杂系统的多属性决策方法,该方法以最接近理想解为基本思想,用于备选方案的排序决策。其基本原理是:首先确定正理想解和负理想解。所谓正理想解,是指各备选方案在各评价准则中的最佳值构成,负理想解则是指各方案在各评价准则中的最差值构成。正理想解和负理想解都是虚拟不存在的值。然后根据各备选方案的评估值与理想方案的接近程度,对备选方案进行排序。最后得到折衷解,旨在实现群体效用最大化、个体遗憾最小化。对于网络货运企业而言,在现实中很难从众多潜在的合作伙伴中选择一个完全满足全部评价指标要求的实际承运人,选择一个最接近理想解的合作伙伴,更符合实际决策,而且考虑要实现群体(网络货运企业、托运人、实际承运人)效用最大化,因此采用 VIKOR 方法更加有效。

在对各备选合作伙伴评级指标进行打分后,结合 DEMATEL-ANP 得到的指标权重,采用 VIKOR 对合作伙伴的综合得分进行排序和优选,步骤如下。

第1步:将指标的初始值进行标准化处理,如式(3-10)所示。

$$f_{ij} = \frac{x_{ij}}{\sqrt{\sum_{i=1}^{K} x_{ij}^2}} \tag{3-10}$$

式中:x_{ij}——第 i 个合作伙伴第 j 个指标的评价值;

K——备选合作伙伴的数量。

第2步:计算各指标的正理想解 f_j^* 和负理想解 f_j^-,如式(3-11)、式(3-12)所示。

$$f_j^* = [(\max_i f_{ij} | j \in I_1), (\min_i f_{ij} | j \in I_2)] \tag{3-11}$$

$$f_j^- = [(\min_i f_{ij} | j \in I_1), (\max_i f_{ij} | j \in I_2)] \tag{3-12}$$

式中：I_1——效益型准则集合；

I_2——成本型准则集合。

第3步：计算第 i 个合作伙伴的群体效益值 S_i 和个体遗憾值 R_i，如式(3-13)、式(3-14)所示。

$$S_i = \sum_{j=1}^{n} \omega_j (f_j^* - f_{ij})(f_j^* - f_j^-) \tag{3-13}$$

$$R_i = \max[\omega_j(f_j^* - f_{ij})(f_j^* - f_j^-)] \tag{3-14}$$

式中：ω_j——第 j 个指标的权重。

S_i 值越小表示群体效益越大，R_i 值越小表示个体遗憾越小。

第4步：计算综合指标 Q_i 的值，如式(3-15)所示。

$$Q_i = v \frac{S_i - S^-}{S^* - S^-} + (1-v) \frac{R_i - R^-}{R^* - R^-} \tag{3-15}$$

式中：$S^* = \max_i S_i$；

$S^- = \min_i S_i$；

$R^* = \max_i R_i$；

$R^- = \min_i R_i$；

v——最大群体效用权重，表示决策机制系数。

计算各备选合作伙伴的 S_i、R_i 和 Q_i 值，并由小到大排序，其中 S_i、R_i 和 Q_i 越小表示该合作伙伴的综合得分越高。

第5步：最优合作伙伴的选择。

令条件1为 $Q(a_1) - Q(a_2) \geq \frac{1}{K-1}$，其中 a_1 为 Q 值最小的方案，a_2 为 Q 值次小的方案，K 为备选合作伙伴的数量。

令条件2为 $S(a_1) < S(a_2)$，或者 $R(a_1) < R(a_2)$。

如果条件1和条件2同时满足，则 a_1 为最优方案；如果只满足条件2，则 a_1 和 a_2 均为最优方案。

第四节 网络货运合作伙伴选择案例分析

一、数据准备

以浙江省某网络货运企业为例，采用本书构建的合作伙伴选择模型对该网络货运企业的备选合作伙伴进行选择，共有10个备选合作伙伴，基本情况见表3-2。

备选合作伙伴基本情况表　　　　　　　　　　　表 3-2

指标		备选合作伙伴									
一级指标	二级指标	S_1	S_2	S_3	S_4	S_5	S_6	S_7	S_8	S_9	S_{10}
产品服务质量	货物完好率 X_{11}	0.93	0.98	0.96	0.92	0.95	0.98	0.99	0.97	0.94	0.92
	准时率 X_{12}	0.96	0.93	1	0.88	1	0.96	1	0.96	0.92	0.85
	订单完成率 X_{13}	0.98	0.96	0.9	0.95	0.8	1	0.96	1	0.83	0.9
产品成本	服务成本 X_{21}	2.14	2.4	1.95	2.9	3.1	2.65	2.7	2.38	3.2	3.16
	破损成本 X_{23}	5.6	5	6.2	6	5.8	5.7	5.9	6.3	6.1	5.9
财务风险	总资产周转率 X_{31}	2.59	2.68	4.05	2.31	3.58	3.68	2.58	2.35	3.26	2.46
	总资产收益率 X_{32}	0.16	0.18	0.3	0.11	0.23	0.28	0.15	0.13	0.21	0.14
	总资产负债率 X_{33}	0.2	0.18	0.11	0.45	0.12	0.2	0.25	0.27	0.48	0.25
运输服务技术	路径优化水平 X_{41}	0.9	0.92	0.96	0.91	0.92	0.95	0.87	0.87	0.83	0.85
	运输方式组合优化水平 X_{42}	0.78	0.75	0.73	0.78	0.79	0.75	0.83	0.87	0.85	0.81
合作兼容性	战略目标兼容性 X_{51}	0.6	0.7	0.5	0.6	0.9	0.7	0.7	0.8	0.5	0.9
	企业文化兼容性 X_{52}	4.6	5.2	6.1	6.5	6.4	6.2	6.4	5	4.1	5.8
适应性	跨组织参与性 X_{61}	9.5	5.2	6.5	8.9	9.3	7.1	5.1	4.3	6.5	8.7
	灵活性 X_{62}	0.5	0.56	0.58	0.63	0.61	0.59	0.58	0.62	0.63	0.57
	管理相关性 X_{63}	1.08	5.36	2.03	4.2	1.05	1.56	1.32	2.69	4.03	2.56

二、确立一级指标影响关系

将各指标之间的影响强度按照强度大小划分为 5 个等级，分别用 0、1、2、3、4 表示。通过专家打分法，确定两两指标的直接影响强度，得到直接影响关系矩阵 A，见表 3-3。

直接影响关系矩阵 A　　　　　　　　　　　　表 3-3

指标	产品服务质量	产品成本	财务风险	多式联运技术指标	合作兼容性	适应性
产品服务质量	0	1.5	1.5	1.25	1.75	2
产品成本	2	0	2.25	2.5	3.25	2.25
财务风险	2.5	2.25	0	1.75	1.5	1.25
多式联运技术指标	2.25	1.75	1.5	0	1.5	3.75
合作兼容性	1.25	2.5	2	2.5	0	2.5
适应性	1.75	2.25	1.75	3.5	3.25	0

采用式(3-2)对直接影响关系矩阵进行标准化处理,再利用式(3-3)计算得到综合影响关系矩阵 T,见表3-4。

综合影响关系矩阵 T 表3-4

指标	产品服务质量	产品成本	财务风险	多式联运技术指标	合作兼容性	适应性	中心度	原因度
产品服务质量	1.358	1.665	1.665	1.388	1.943	1.875	20.014	−0.226
产品成本	1.758	1.457	1.798	1.824	1.608	1.758	20.639	−0.233
财务风险	1.775	1.798	1.567	1.943	1.665	1.388	20.496	−0.224
多式联运技术指标	1.898	1.943	1.665	1.476	1.665	1.648	20.586	0.004
合作兼容性	1.388	1.775	1.722	1.775	1.574	1.775	20.116	−0.098
适应性	1.943	1.798	1.943	1.885	1.652	1.214	20.093	0.777

三、合作伙伴指标权重的分析

使用 ANP 方法对筛选后的指标进行分层,对 10 个备选合作伙伴的指标进行权重分析,为网络货运企业选择合适的合作伙伴。选择的合作伙伴企业是在合理的指标中,选择比较适合的备选合作伙伴,对网络货运企业而言,真正的合作是从双方企业的谈判结果来判定的,也就是选择合适的合作伙伴企业进行谈判。

首先构建判断矩阵,对 10 个备选合作伙伴 S_1、S_2、S_3、S_4、S_5、S_6、S_7、S_8、S_9 和 S_{10} 进行选择,组成若干个专家对每一层的指标相对上一层指标的重要性进行评价,建立判断矩阵 E、$E'_i(i=1,2,3)$ 和 $E''_i(i=1,2,\cdots,9)$。

判断矩阵 E 满足

$$EW = \lambda_{\max} W \tag{3-16}$$

的特征值与特征向量,其中 $\lambda_{\max}$ 是 E 的最大特征值,W 为对应于 $\lambda_{\max}$ 的正规化特征向量,W 的分量 w_i 即是相应元素单排序的权值。计算得 10 个备选合作伙伴的权重,见表3-5。从表中可以看出,S_6 是权重最大的备选合作伙伴,所以建议网络货运企业与 S_6 合作伙伴进行谈判。

10 个备选合作伙伴的权重 表3-5

备选方案	S_6	S_9	S_5	S_2	S_3	S_8	S_4	S_{10}	S_1	S_7
权重	0.1787	0.125	0.1093	0.1084	0.0997	0.0932	0.0871	0.0857	0.0727	0.0404

判断矩阵的一致性检验。应用软件 yaahp 构建指标分层,然后建立每一层的判断矩阵,对所建立的 13 个判断矩阵进行一致性检验 CR,可以看出所有判断矩阵

的一致性检验 CR 均小于 0.1(表 3-6),故符合 ANP 法的应用。

所有判断矩阵的一致性检验　　　　　　　　　　表 3-6

判断指标	E	E_1'	E_2'	E_3'	E_1''	E_2''	E_3''	E_4''	E_5''	E_6''	E_7''	E_8''	E_9''
一致性比例	0.018	0.042	0.000	0.052	0.095	0.100	0.055	0.069	0.046	0.039	0.078	0.080	0.034

四、合作伙伴选择的最优方案

设定决策机制系数 $v=0.5$,分别计算 10 个备选合作伙伴的 S_i、R_i 和 Q_i 值,计算结果见表 3-7。

10 个备选合作伙伴的排序结果　　　　　　　　表 3-7

备选合作伙伴	S_i	R_i	Q_i
S_1	0.457(2)	0.215(9)	0.507(4)
S_2	0.586(5)	0.124(3)	0.624(8)
S_3	0.523(3)	0.138(4)	0.584(6)
S_4	0.635(8)	0.187(7)	0.348(2)
S_5	0.621(6)	0.267(10)	0.634(9)
S_6	0.255(1)	0.087(1)	0.214(1)
S_7	0.576(4)	0.211(8)	0.621(7)
S_8	0.787(9)	0.115(2)	0.534(5)
S_9	0.856(10)	0.167(5)	0.457(3)
S_{10}	0.624(7)	0.175(6)	0.637(10)

注:括弧内数字为排序号。

根据评判准则可知,备选合作伙伴 S_6 的综合表现最好,为最优方案。

五、合作伙伴选择的结果分析

与传统方法相比,DEMATEL-ANP-VIKOR 混合决策模型充分考虑了网络货运合作伙伴选择评价指标之间相互制约、相互依存的关系特征,有效地解决了非独立的递阶层次结构,与其他方法相比,计算得出的指标权重更为合理和科学。在对备选合作伙伴优劣进行排序时,采用了 VIKOR 算法,实现了群体效用最大化和个体遗憾最小化,与传统的综合得分排序相比,更加符合网络货运企业实际决策。

第四章

CHAPTER

网络货运运力资源优化

在推动网络货运模式发展的过程中,要解决的核心问题是网络货运企业在承揽货源的基础上,利用科学的方法对其掌握的大量分散、差异化的运力资源进行整合、优化和配置,与托运人个性化的运输需求进行合理匹配,这是降低运输成本、发挥网络货运模式优势的关键。近年来,运力资源整合优化问题引起越来越多学者的关注和研究,并且取得了一些研究成果,主要集中在运输车辆调度、车辆路径优化、路径和调度的混合问题等方面。网络货运企业的运力资源优化配置是一个复杂的系统工程,其运力资源具有地理分散性、资源不平衡性、运力复杂性、主体相对独立性等特点。在对运力资源整合优化过程中,首先需要兼顾网络货运企业、实际承运人、托运人三方利益,其次要充分考虑运力分散、车型复杂、载重能力差异大等问题,以及运价形成机制、盈利模式、综合运输成本构成等情况,此外,还要实现运力与货源进行合理匹配。基于上述目标和约束条件,本章构建了带有机会约束条件的网络货运运力资源优化模型,并设计了微粒子群和神经网络混合智能算法对模型进行求解,最后用实例加以验证。该方法能够很好适应网络货运运力和货源分散、个体独立、运力异构、整合增值等特点。

第一节 网络货运运力资源优化相关概念

一、运力资源优化的基本概念

资源的稀缺性,决定了任何一个国家和组织都必须通过一定的方式把有限的资源合理分配到社会的各个领域中去,以实现资源的最佳利用,即用最少的资源耗费,生产出最适用的商品和劳务,获取最佳的效益。资源配置的实质就是社会总劳动时间在各个部门之间的分配。资源配置合理与否,对一个国家经济发展的成败有着极其重要的影响,一般来说,资源如果能够得到相对合理的配置,经济效益就显著提高,经济就能充满活力;否则,经济效益就明显低下,经济发展就会受到阻碍。

网络货运企业对运力资源的整合有两种模式:一种模式是将运输任务分配给不同的运输企业,由其自行调配自有运力完成运输任务;另一种模式是根据运输任务需求,直接组织各运输业户和车队的运力资源,并对其进行整合优化和调配,这种模式适合中小型运输企业和车队。本章主要研究第二种运力资源整合模式,并将网络货运运力资源配置定义为:按照运输市场运行机制,网络货运企业根据承揽的货物数量、种类、起讫地位置等信息,合理组织若干道路货物运输企业(车队)的车辆设备等资源,完成运输任务,并实现单位运输成本最小化和利益最大化。

二、运力资源优化的数学描述

将网络货运运力资源优化配置问题定义为:某网络货运企业在某一特定时期内在整个运输市场上主要为 n 个托运人提供运输服务,这些托运人共有 A 类货物需要运往特定目的地,运输距离分别为 L_a,网络货运企业与托运人 i 谈判的第 $a(a \in A)$ 类货物运输价格为 p_{ia},网络货运企业合理安排运输车队 j 将托运人 i 的货物 a 采用 k 种运输方式运送至目的地,网络货运企业按照与车队 j 协定的价格 P_j 与该车队进行计算,该价格与 p_{ia} 之间一般存在差价,网络货运企业达到其收益 R 的最大化。

三、运力资源优化的建模思路

现有对运力资源优化配置的研究主要是基于车辆路径优化(Vehicle Routing Problem,VRP)和车辆排程(Vehicle Scheduling Problem,VSP)扩展延伸发展起来,比如,Alireza 综合考虑多车场多周期及车辆容量和运行时间等因素限制,构建了总运输成本最小的模型。侯爽在多车场协同工作背景下,针对在多车场车辆路径问题和多车场车辆任务优化调度问题成本最优模型,提出了"先指派,后优化"的多阶段启发式算法,结论证明模型及算法能够有效降低运输空驶率。Repoussis 的研究以降低运输总成本为目标,在运输需求已知的前提下,构建了车辆运行最优运输路线模型,优化了迭代禁忌搜索算法进行求解。Subramanian 针对混合车型车辆路径优化问题,设计根据不同车型确定最优车队构成并通过线路优化模型以实现总成本最优,并利用基于启发式的混合整数规划算法求解了 360 个客户运输优化问题,验证了模型的有效性。在多目标运力资源优化配置模型研究方面,彭大衡等在基于机会约束下,建立了机会约束多目标规划模型,对资源配置情况进行优化,并通过算例对目标结构下的最优决策进行求解。邵增珍分别针对物流车辆调度的单车、多车物流合乘匹配问题,以及在运输过程中的服务需求换乘和路网时变情况,构建了四类模型,并主要采用蚁群算法求解,通过算例证明模型能够降低车辆运输成本。王旭提出面向物流任务的跨组织边界物流资源优化配置策略,建立以时间、成本、质量和服务为目标函数的、包括车辆在内的物流资源选择配置模型,并采用算法对模型进行求解。

以上研究方法更多地考虑了整体运输成本最低,缺少对网络货运多方参与主体的分类研究,并且以研究单车场同质车辆(同一型号、载重量等)问题为主,缺少对多车场异质车辆问题的研究。网络货运企业的运力资源非自有运力,而是一种通过契约形式的供给,运力资源的调配和使用受到很多限制,因此,对网络货运运力资源整合的研究应考虑其运力资源的特征。网络货运运力资源优化配置是一个复杂的系统工程,其运力资源和货源分布具有地理分散性、资源不平衡性、运力复杂性、主体相对独立性等特点,在运力资源优化过程中,首先需要兼顾多主体利益,即实现网络货运企业、运输车队(一般为服务于网络货运企业的中小型企业)、托运人三方效益最大化,其次要符合运输市场实际情况,充分考虑分散的运力车型、载重能力等参差不齐,运价的形成和盈利模式,以及综合运输成本构成等情况,第三要结合网络货运企业在对运力资源进行整合的同时也对货源分布进行整合,实现车货最优匹配。

本书构建的网络货运运力资源优化配置模型,与传统模型相比,具有如下优势:充分并合理考虑了网络货运市场三个市场主体的实际需求,即网络货运企业利润的最大化、托运人的成本最小化以及运输车队对于利润处于特定的期望水平。该模型通过数学描述方式,将三个市场主体的谈判过程及博弈行为进行了定量化表达。

四、运力资源优化的基本假设

本书在构建网络货运运力资源优化配置模型时基于以下假设:
(1)在整个运输市场上,网络货运企业的协议合作运输车队是充足的;
(2)在货物装载过程中,均按照规定进行合理配装;
(3)货物均可按照托运人要求在指定的时间内运送至指定目的地;
(4)各种货物的货运量矩阵和起讫点间的距离矩阵均为已知。

第二节 网络货运运力资源优化配置模型

网络货运资源的优化配置涉及运输市场上的三个主体:网络货运企业、托运人及实际承运人(运输车队或运输企业)。网络货运企业在取得货源的前提下,合理选择运输车队或企业进行价格谈判,通过与托运人谈判的运输价格和与运输车队谈判的运输价格之间的差价赚取利润,并且期望利润最大化;对托运人而言,其目的就是选择某种运输服务将货物在规定的时间内运至目的地;运输车队在买方市场的环境下,其目的是保证利润在一定的可接受水平内。由此构建网络货运运力资源优化配置模型如下。

目标函数:

$$\max R = \sum_{i=1}^{n}\sum_{a=1}^{A}\sum_{k=1}^{K} Q_{iak} \cdot p_{iak} \cdot L_{iak} - \sum_{j=1}^{m} P_j \cdot x_j - C \tag{4-1}$$

约束条件：

$$\sum_{i=1}^{n}\sum_{a=1}^{A} Q_{ia} \leqslant \sum_{j=1}^{m}\sum_{k=1}^{K} x_j \cdot x_k \cdot C_k \tag{4-2}$$

$$\Pr\left(P_j / \sum_{a=1}^{A}\sum_{k=1}^{K} Q_{jka} \cdot L_{jka} \cdot c_{jka} - 1 \geqslant \alpha\right) \geqslant \beta, \forall j \tag{4-3}$$

$$x_j, x_k = 0/1 \tag{4-4}$$

模型中，R 为网络货运企业的收益；i 为托运人，n 为托运人总数；A 为货物种类数；K 为运力类型总数；Q_{iak} 为托运人 i 使用 k 种运力运输 a 类货物的需求量；Q_{ia} 为托运人 i 需要运输的 a 类货物的总量；p_{iak} 为网络货运企业针对使用 k 种运力运输 a 类货物，向托运人 i 收取的价格；L_{iak} 为托运人 i 使用 k 种运力运输 a 类货物的运输距离；j 为与网络货运企业签订运输合作协议的车队或者运输企业；L_{jka} 为车队 j 使用 k 种运力运输 a 类货物的实际运输距离；c_{jka} 为车队 j 使用 k 种运力运输 a 类货物的运输价格；m 为车队或者运输企业总数；P_j 为网络货运企业与 j 车队的结算价格；x_j 为逻辑变量，若网络货运企业选择 j 车队合作，则 x_j 值取 1，否则取 0；C 为网络货运企业的日常运营成本；C_k 为 k 种运力的运输能力；x_k 为逻辑变量，α 为车队 j 的利润率；β 为置信水平。

式(4-1)为模型的目标函数，表示网络货运企业的收益 R 最大化；式(4-2)为运力的容量限制，表示各类货物的载运量总和不超过各种运力的总和；式(4-3)为机会约束条件，表示车队 j 的利润率不低于 α 的概率，不小于置信水平 β；式(4-4)为对逻辑变量 x_j 和 x_k 的定义。

第三节　网络货运运力资源优化算法设计

本章构建的模型为一个带有机会约束条件的非线性规划问题。考虑到微粒子群算法具有调整参数最小、收敛速度快、解的质量高、鲁棒性较好等优点，而神经网络算法具有很强的非线性拟合能力、可映射任意复杂的非线性关系、学习规则简单等优点，因此采用微粒子群和神经网络混合智能算法求解该模型，具体算法步骤如下。

第 1 步：利用随机模拟为下列不确定函数 U 产生输入输出数据：(x^t, y^k)，其中 t、k 分别为输入、输出神经元的个数。利用线性函数转换法对 x^t、y^k 分别进行归一化处理，以归一化后的输入输出数据作为训练样本。

$$U_1: x \to \Pr\left\{ (P_j / \sum_{a=1}^{A}\sum_{k=1}^{K} Q_{jka} \cdot L_{jka} \cdot c_{jka} - 1 \geqslant \alpha) \geqslant \beta, \forall j \right\} \tag{4-5}$$

$$U_2: x \rightarrow \max R \tag{4-6}$$

第2步:利用以上训练样本训练一个 BP 神经网络,以逼近不确定函数 U_1 和 U_2。

第3步:在 d 维问题空间上对微粒群进行初始化。设定群体规模为 $popsize$,在决策向量 Q_{jka} 的可行域中产生一个随机数,归一化后利用神经网络计算网络的仿真输出值并进行反归一化,然后检验该随机数的可行性,即判断 Q_{jka} 是否满足 $\Pr\left\{(P_j / \sum_{a=1}^{A} \sum_{k=1}^{K} Q_{jka} \cdot L_{jka} \cdot c_{jka} - 1 \geq \alpha) \geq \beta, \forall j\right\}$,$c_{jka}$ 为车队 j 采用运输 k 种运力运输 a 类货物运输价格,重复该过程 $popsize$ 次,从而得到 $popsize$ 个初始可行的微粒: $Q_{jka} = (Q_{jka}^{i1}, Q_{jka}^{i2}, \cdots, Q_{jka}^{id})$,$i = 1, 2, \cdots, popsize$,设置迭代次数为 $K = 0$。

第4步:利用训练好的神经网络计算每个归一化后微粒的网络仿真输出值,并进行反归一化,即计算 $\max R$ 作为每个微粒的适应值。

第5步:对每一个微粒,将其最好适应值与全局所经历的最好适应值进行比较,较好者作为当前的全局最好位置,再按照式(4-7)和式(4-8)对速度和位置进行更新。

$$V_{id}^K = wV_{id}^{K-1} + c_1 r_1 (pbest_{id} - Q_{jka,id}^{K-1}) + c_2 r_2 (gbest_{id} - Q_{jka,id}^{K-1}) \tag{4-7}$$

$$Q_{jka,id}^K = Q_{jka,id}^{K-1} + V_{id}^{K-1} \tag{4-8}$$

式中:V_{id}^K——K 次迭代后整个种群最优粒子的速度;

w——惯性权重因子;

c_1、c_2——认知学习因子和社会学习因子;

r_1、r_2——$[0,1]$ 内均匀分布的随机数;

$pbest_{id}$——每个粒子当前找到的最优粒子位置;

$gbest_{id}$——整个种群当前找到的最优粒子位置。

第6步:对更新后的微粒再次进行归一化处理,利用神经网络计算网络的仿真输出值并进行反归一化,检验微粒的可行性。若为可行解,则接受,否则保持原位置不变。

第7步:如果完成 K 次迭代,则输出模型最优值,否则返回第4步。

第四节 网络货运运力资源优化案例分析

一、数据准备

以浙江省某网络货运企业为例,采用本书构建的运力资源优化配置模型,对其运输车队及运力配置进行仿真模拟。5 家托运人委托该网络货运企业将 4 类货物分别运往 5 个不同的目的地,该网络货运企业有 7 家运输车队可供选择,以合作完成该项运输业务,每个车队具有多种类型的运力可使用。在原来的运输市场中,由于运力资源分散且托运人对运力的选择具有随机性和路径依赖性,运力资源的配置往往达不到最优,造成运力资源浪费等问题,现通过网络货运模式来调配运力资源,以提高运输效率。根据调查,5 家托运人的货物种类、目的地、运输距离等信息见表 4-1,7 家运输车队的运力资源情况见表 4-2,各运输车队到各托运人的距离见表 4-3。

货主企业(托运人)运输需求情况表(单位分别为 t 和 km)　　　　表 4-1

企　业	货物种类	目　的　地				
		D_1	D_2	D_3	D_4	D_5
E_1	a	24/132	15/264	36/67	—	27/58
	b	—	28/264	—	54/158	18/58
	c	34/132	69/264	17/67	85/158	—
	d	18/132	25/264	21/67	46/158	71/58
E_2	b	11/94	—	21/213	34/68	45/117
	d	33/94	18/173	25/213	—	55/117
E_3	a	41/235	32/62	19/86	24/115	34/151
	b	—	19/62	57/86	34/115	29/151
	d	61/235	—	24/86	53/115	11/151
E_4	a	—	52/142	24/34	—	37/129
	b	21/204	67/142	31/34	46/67	—
	c	28/204	37/142	51/34	10/67	24/129
E_5	a	37/53	43/121	—	—	22/207
	b	16/53	27/121	41/90	22/129	74/207
	c	—	61/121	38/90	42/129	21/207

运输车队运力资源情况表(单位分别为 t 和辆)　　　　表 4-2

车　队	车　型			
	V_1	V_2	V_3	V_4
A	8/3	17/10	25/0	35/4
B	8/4	17/5	25/5	35/10
C	8/8	17/0	25/12	35/9
D	8/6	17/14	25/9	8/0
E	8/5	17/9	25/6	35/9
F	8/0	17/12	25/9	35/6
G	8/9	17/7	25/11	35/5

各运输车队到各货源地(托运人)距离表(单位:km) 表4-3

车队	企业				
	E_1	E_2	E_3	E_4	E_5
A	5	7	2	4	8
B	1	5	9	14	11
C	2	9	14	5	7
D	11	7	15	2	4
E	14	2	6	8	4
F	4	9	18	11	7
G	5	19	14	7	3

由调查所得的不同吨位车型运输费用情况,可以得到单位运输费用函数 $F(x)$,单位为 t·km,其中 x 为货运量,单位为 t。

$$F(x) = \begin{cases} 0.6 & 0 < x \leq 8 \\ 0.55 & 8 < x \leq 17 \\ 0.5 & 17 < x \leq 25 \\ 0.4 & 25 < x \leq 35 \end{cases} \tag{4-9}$$

二、计算结果

按照微粒子群和神经网络混合智能算法,设置各参数值为:$c_1 = c_2 = 2$,惯性权重 $w = 0.4$,最大迭代次数为 $K = 100$,训练样本个数50,粒子种群规模10,神经元个数3,隐形神经元个数15,输出神经元个数3个。根据模型计算,将车队预期利润率设置为5%时,运力资源优化配置的结果见表4-4。

从表4-4可以看出:

车队 A 安排 13 辆货车,其中 2 辆 V_1 型货车、7 辆 V_2 型货车、4 辆 V_4 型货车,运力共计275t,有效运力使用率为99.3%;车队 B 安排 27 辆货车,其中 4 辆 V_1 型货车、6 辆 V_2 型货车、8 辆 V_3 型货车、9 辆 V_4 型货车,运力共计684t,有效运力使用率为98.0%;车队 C 安排 7 辆货车,其中 2 辆 V_3 型货车、5 辆 V_4 型货车,运力共计225t,有效运力使用率为98.2%;车队 D 安排 17 辆货车,其中 2 辆 V_1 型货车、3 辆 V_2 型货车、9 辆 V_3 型货车、3 辆 V_4 型货车,运力共计397t,有效运力使用率为96.5%;车队 E 安排 9 辆货车,其中 4 辆 V_2 型货车、2 辆 V_3 型货车、3 辆 V_4 型货车,运力共计223t,有效运力使用率为97.3%;车队 F 安排 1 辆 V_2 型货车,运力为17t,有效运力使用率为64.7%;车队 G 安排 17 辆货车,其中 6 辆 V_1 型货车、3 辆 V_2 型货车、3 辆 V_3 型货车、5 辆 V_4 型货车,运力共计349t,有效运力使用率为99.7%。

表 4-4 运力资源配置结果表（$\alpha=5\%$）

车队	车型			
	V_1	V_2	V_3	V_4
A	2 辆：$E_3aD_1(8) + E_3dD_5(8)$	7 辆：$E_3aD_2(32) + E_3bD_2(19) + E_3bD_5(29) + E_3dD_3(17) + E_3dD_4(17) + E_3dD_5(3) + E_4aD_5(2)$	—	4 辆：$E_3aD_1(33) + E_3bD_3(32) + E_3bD_5(36) + E_3dD_3(1) + E_3dD_4(36)$
B	4 辆：$E_1aD_3(16) + E_1aD_5(8) + E_1dD_5(8)$	6 辆：$E_1aD_2(15) + E_1bD_2(2) + E_1bD_3(19) + E_1cD_3(17) + E_1cD_4(15) + E_1dD_1(17) + E_2dD_2(1)$	8 辆：$E_1aD_1(24) + E_1aD_3(20) + E_1aD_5(19) + E_1bD_1(25) + E_1bD_5(18) + E_2bD_5(10) + E_1dD_3(4) + E_2dD_5(3) + E_3aD_3(19) + E_3aD_4(24) + E_3bD_3(25) + E_3dD_3(6)$	10 辆：$E_1bD_2(1) + E_1bD_4(35) + E_1cD_1(34) + E_1cD_2(69) + E_1cD_4(70) + E_1dD_1(1) + E_1dD_4(35) + E_3aD_5(34) + E_3bD_4(34)$
C	—	—	2 辆：$E_1dD_5(50)$	5 辆：$E_4aD_2(35) + E_4aD_5(35) + E_4bD_2(35) + E_4bD_4(31) + E_4cD_3(35)$
D	2 辆：$E_4bD_2(7) + E_4cD_4(8)$	3 辆：$E_4aD_2(17) + E_4cD_2(17) + E_4cD_3(16)$	9 辆：$E_4aD_3(24) + E_4bD_1(21) + E_4bD_2(25) + E_4bD_4(46) + E_4cD_1(28) + E_4cD_2(20) + E_4cD_4(2) + E_4cD_5(24) + E_5bD_4(22) + E_5cD_3(1)$	3 辆：$E_2bD_5(35) + E_5bD_5(70)$

续上表

车队	车型			
	V_1	V_2	V_3	V_4
E	—	4 辆：$E_2bD_1(11) + E_2bD_3(17) + E_2dD_2(17) + E_2dD_5(17) + E_5bD_1(3)$	2 辆：$E_2dD_3(25) + E_3dD_1(25)$	3 辆：$E_2bD_4(34) + E_2dD_1(33) + E_2dD_5(35)$
F	—	1 辆：$E_1dD_4(11)$	—	—
G	6 辆：$E_5aD_2(8) + E_5bD_1(8) + E_5bD_2(8) + E_{5bD_3}(8) + E_5bD_5(4) + E_5cD_4(7) + E_5cD_5(4)$	3 辆：$E_5aD_1(17) + E_5cD_2(17) + E_5cD_5(17)$	3 辆：$E_5aD_1(20) + E_5aD_5(22) + E_5bD_1(5) + E_5bD_2(19) + E_5cD_2(9)$	5 辆：$E_5aD_2(35) + E_5bD_3(33) + E_5cD_3(37) + E_5cD_4(35)$

注：a、b、c、d 为托运人，货物种类、目的地及货物运输量，单位为 t。

网络货运企业的利润为 11526.95 元,利润率为 6.76%。车队 A 的运输成本为17547.95元,利润率为 5.26%;车队 B 的运输成本为 45262.4 元,利润率为 5.52%;车队 C 的运输成本为 8129.6 元,利润率为 5.41%;车队 D 的运输成本为 54527.6 元,利润率为 5.57%;车队 E 的运输成本为 14762.8 元,利润率为 5.16%;车队 F 的运输成本为 955.9 元,利润率为 5.23%;车队 G 的运输成本为 19293.3 元,利润率为 5.45%。

三、结果分析

上述计算结果表明,本书构建的运力资源优化配置模型,充分满足了网络货运市场三个市场主体的实际需求:网络货运企业利润的最大化、托运人的成本最小化以及运输车队对于利润处于特定的期望水平。该模型通过数学描述方式,对三个市场主体的谈判过程及博弈行为进行了定量化表达,并提供了货源和运力的供应调度方案,可以解决货运和运力的匹配问题。采用的微粒子群、神经网络混合智能算法,与传统的单一算法相比,鲁棒性较好、求解速度快、解的质量高。通过实例计算和验证,该模型能够实现多发集体目标,降低运输成本,具有一定的应用价值。

第五章 CHAPTER

网络货运信息资源整合

与传统货运企业和物流企业相比,网络货运企业应具备的重要特点和优势是掌握庞大的信息资源,并具有较强的信息系统和信息资源整合处理能力。现阶段,网络货运企业在我国尚处于发展初期,其所建立的信息平台更多地是面向客户提供信息服务,而忽视了对"多、小、散、弱"的众多合作伙伴的信息资源的整合,信息资源的利用水平不够,也提高了其与合作伙伴的沟通合作成本。对于网络货运企业而言,研究和掌握信息资源整合的概念、模式、技术和方法是十分必要的。

第一节 网络货运信息资源

一、信息资源的含义

企业资源是企业拥有或控制的有形资产和无形资产,包括机器、资本等实物资产及专利、商标、技术秘密和管理等无形资产。网络货运企业的货运资源,从广义来讲,是指网络货运企业为客户提供运输服务相关的生产要素,是由网络货运企业能够统一调度管理的、各合作伙伴所拥有和控制的物质资产、财务资产、人力资本和知识积累等一系列要素的组合,是网络货运企业在运营管理中所需要的各类基础设施、运输装备、人力、信息、市场等的总称。狭义的网络货运资源,是指能够由网络货运企业统一调度管理的,各合作伙伴所拥有和控制的,在道路货物运输市场上从事运输、信息、装卸等的功能的设施和装备。

二、信息资源的分类

道路货物运输活动涉及的资源种类很多,根据不同的研究视角和侧重点,有许多不同的分类。一是从宏观视角进行分类,徐文静在研究企业物流战略和物流供应链时,将物流资源划分为有形资源和无形资源两类;二是从功能特性进行分类,可以分为运输资源、仓储资源、包装资源、装卸资源、流通加工资源、信息资源和人力资源等类型,如图5-1所示;三是从系统构成视角进行划分,按照企业结构层次,可以分为战略层资源、协调层资源、基础层资源和支持层资源四类;四是从属性归属的角度进行划分,按照资源的所有权或者使用权,可以分为企业内部资源和企业外部资源,包括公共资源等;五是从技术特性进行划分,按照资源的技术经济特点,可以将企业资源分为能力资源、市场资源和信息资源,其中能力资源是指企业完成业务所需要的相关资源,市场资源是指企业服务的对象,而信息资源则是指与从事业务相关所有信息等。

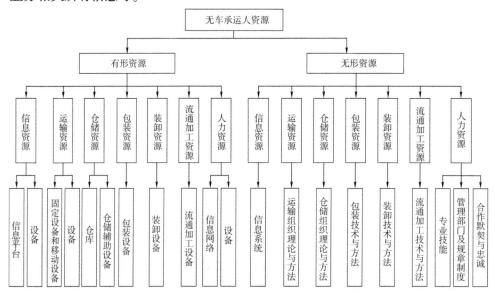

图 5-1 基于宏观视角和功能特性的网络货运资源划分

研究货运资源整合问题的前提是对网络货运资源进行合理分类。本书在借鉴前人资源分类研究的基础上,从系统构成视角研究网络货运资源的分类,将其分为组织层、基础层、信息层和管理层四类资源,见表 5-1。其中组织层资源是指网络货运组织的构成主体,由网络货运平台和各个实际承运人等组织构成,是网络货运的组织基础;基础层资源是指网络货运企业为完成运输任务所需要的设备资源,包括车辆、场站、仓库、装卸装备等;信息层资源是指支持网络货运运作的信息传输平台、资金结算平台、可视化装备、物流任务调度平台及相关配合服务等资源;管理层资源是指为实现战略目标,保障共同利益,解决相互间冲突矛盾,减少经营风险,支撑网络货运有效运作所需的资源。

网络货运资源分类表　　　　　　表 5-1

货运资源类别	货运资源包含的内容
组织层资源	各成员企业和网络货运运作平台等组织主体及其子系统
基础层资源	网络货运为实现货运输功能所需要的资源,包括场站等基础设施、运输装卸装备等
信息层资源	支持网络货运运作的信息传输平台、资金结算平台、可视化装备、物流任务调度平台及相关配合服务等资源
管理层资源	为实现网络货运战略目标,保障成员企业和网络货运平台利益,解决相互间冲突矛盾,实现风险防控、协调网络货运内外部关系,支撑网络货运有效运作所需的资源

三、信息资源的特点

网络货运企业的合作伙伴具有数量较多、分布较散、规模不同、差异明显等特点,因此,网络货运资源具有以下方面特点。

1. 复杂性

网络货运企业的合作伙伴一般数量较多,资源要素类型较多,涉及资金流、信息流、物流等网络流,形成了一个复杂的几何体。同时,合作伙伴行为的不确定性将使业务协同存在较多风险,沟通协调、运作管理的难度较大,复杂性随着数量增加显著提高。

2. 分散性

网络货运企业通过信息技术,将位于不同地理区域的企业整合起来,资源要素突破了地理空间的限制和约束。

3. 独立性

网络货运企业与实际承运人在自愿平等的前提下建立稳定的合作关系,双方在地位上是独立平等、互利共赢的关系,承担不同的义务和责任,根据业务贡献获取收益。因此,网络货运资源在一定程度上是独立自治的。

4. 多用性

网络货运资源具有多用性。一方面,与平台合作的各个实际承运人可以利用自有资源独立为自己的用户提供运输服务。另一方面,各实际承运人的资源经过平台的整合和优化,能够为用户提供更高质量、一体化、高附加值的运输服务。

5. 动态稳定性

网络货运组织在适应市场变化和客户需求时,需要不断地调整优化资源整合方式,并选择或放弃某些资源,因此动态性是网络货运资源的一个基本特点。同时,高效低成本的运输服务是网络货运企业的基本产品,为了保障运输业务能有效运转,网络货运企业需要在一个阶段内保持资源的相对稳定性,降低运作风险。

四、信息资源整合的内涵

网络货运资源整合是适应现代物流产业发展的客观要求,符合道路货物运输市场从自由竞争阶段向市场整合阶段和市场集中阶段快速演进的发展趋势。在自由竞争阶段,政府放松市场管制,鼓励"有路大家行车、有水大家行船",进入市场整合阶段,市场集中度逐渐提高,企业网络化发展,服务—可靠性加强,技术投资不断增加,而在市场集中阶段,市场集中度继续提高,资源整合能力和方式不断创新,信息化、网络化、标准化、精细化发展成为趋势,行业分工更加细化,企业联盟、网络货运等组织模式不断出现,更加强调对分散的道路货物运输市场资源的整合和优化。

网络货运企业能够根据客户的目标要求,依靠信息手段和信息技术,把分布在不同区域的合作伙伴运力资源快速整合,围绕客户需求,形成一个统一调度、协调一致的、协同运作的有机整体,发挥"1+1>2"的效应,实现优势互补和利益最大化。通过资源整合,使实际承运人或者网络货运企业,能够不再局限于自身单独的运力资源和能力,而从全局出发,充分调动整个组织的资源能力,并进行整合优化,从而根据市场的变化和客户的需求,提供优质的服务。因此,网络货运资源整合是行业深入发展、分工日益细化的趋势要求,也是网络货运企业降低运作成本、提高服务能力和提升管理水平的基本要求和重要手段。

网络货运资源整合,是以市场需求和客户要求为核心,识别物流资源,科学选择实际承运人作为合作伙伴,从组织、运力、设施、信息等维度对合作伙伴的分散、独立、异质的货运资源进行有机整合,形成统一的集合体,按照不同的运输任务进行分配调度,实现运输任务与运力的最优匹配,并通过有效的合作机制、利益分配机制和风险防范机制,保障各主体相互协作、相互配合,高效协同完成运输任务,以更快的响应速度、更好的服务质量和更低的运输成本满足用户个性化的货运需求,从而使网络货运企业和合作伙伴在竞争日益激烈的市场上立于不败之地。

第二节　网络货运信息资源整合模型和技术分析

一、信息资源整合基本定义

所谓信息整合,是指依据信息化发展趋势,在一定组织的领导下,通过信息采集、组织、加工以及服务等过程,把分散的资源集中起来,把无序资源变为有序,使之方便用户查找信息、方便信息服务于用户。网络货运信息资源整合,本质上是以流程变革为主线索的跨越运输企业连接顾客与供应商的系统集成过程,信息整合的主要任务和目标是运用系统的观点、思想和方法,借助现代信息技术和移动互联网技术,将网络货运企业及其合作伙伴之间分散的、多元的、异构的信息资源通过信息平台等方式组织成为一个整体,实现群体信息共享,便于合作伙伴间的合作和企业内部管理,为客户提供一站式的便捷信息服务,并利用整合后的信息数据,为企业的管理决策提供科学合理的依据。

二、信息资源整合框架模型

信息资源按照不同类型可以分为多个维度的多类信息,但从整合的对象看,可以包括信息内容、信息系统和信息基础设施,这些构成了资源整合的基本框架,且具有层次性,可以分为四个层次,即基础层(包括硬件、软件及网络)、数据层(包括结构化数据、半结构化数据、非结构化数据)、服务层(包括数据存储、信息检索、信息关联等)、应用层(包括业务交易、费用结算、行业监管等)。本书根据该框架,对网络货运的信息资源整合进行了建模。

网络货运资源整合需要搜集、分析、管理大量数据,必须要以强大的信息平台作为依托,进行日常的管理和决策。集中管理异构信息资源,实现共享共用,为用户提供不同层次的知识服务。从系统角度来看,信息资源整合是将分散的异构系统中的异构信息资源进行优化或重组,生成一个更加有序化、智能化、综合化的系统。生成的系统是一个逻辑上虚拟的系统或者一个实际的物理整合实体。根据整合的思路,构建提出了信息资源整合的三维模型,分别为资源维、服务维及应用维,如图5-2所示。

其中资源维显示了信息资源的类型,从资源整合范围来看,整合从结构化资源到半结构化资源,再到非结构化资源,整合的范围不断扩大;服务维显示了信息资源整合的资源利用效率,在"信息存储—信息检索—信息关联"的信息服务过程中,资源处理的智能化不断增强,服务的效率不断提高;应用维显示了信息资源整合的资源应用层次,在"数据交换、信息发布、业务交易、行业监管"等应用过程中,资源整合的层次不断提高。

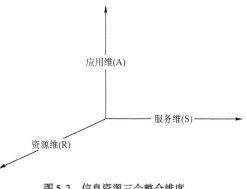

图5-2　信息资源三个整合维度

三、信息资源整合数学描述

设 Ψ 为信息资源整合前的信息分布空间,Π 为信息资源整合前的信息分布空间,则信息资源整合的过程可表示为:从空间 Ψ 经过 R、S、A 三个维度整合后,转换为空间 Π,记为 $f(R,S,A):\Psi \rightarrow \Pi$。

资源整合的程度表示为:

$$F = f(R,S,A) \tag{5-1}$$

式中：R——资源维变量，表明了信息资源整合的资源对象范围，亦即信息资源整合的广度；

S——服务维变量，表明了信息资源整合的资源利用效率，亦即信息资源整合的深度；

A——应用维变量，表明了信息资源整合的资源应用层次，亦即信息资源整合的高度。

由此可得，信息资源在 R、S、A 三个维度上的整合分别体现了信息资源整合的三个目标，即信息资源组织的有序化（或结构化）、信息资源处理的智能化、信息资源应用的集成化。因此，信息资源整合所要达到的最理想的结果应该是：在一定约束条件下（通常表示为用户的实际需求），信息资源整合的广度、深度及高度在"$\Psi \to \Pi$"转换中，达到一个最优点，即信息资源整合的程度达最优值，用数学模型表示为：

$$\max f(R,S,A)$$
$$\text{s.t.} \ R>0, S>0, A>0$$

信息资源整合程度存在最低点和最高点。信息资源整合程度的最低点是指最低层次整合状态，即将结构化数据存储在数据库中；信息资源整合程度的最高点是指最高层次整合状态，即将非结构化、半结构化、结构化三种数据，以专题数据库、学科导航库、知识门户等应用方式，为用户提供信息资源的知识关联、知识发现、知识推荐等服务。

四、信息资源整合技术分析

根据信息资源整合模型，从资源、服务、应用三个维度，研究网络货运信息资源整合的技术路径。

1. 资源维度的整合方案

资源维度显示了信息资源的类型，从资源整合范围来看，整合从结构化资源到半结构化资源，再到半结构化资源，整合的范围不断扩大。结构化、半结构化和非结构化数据的含义以及具体类型见表5-2。由表5-2可以看出，信息资源的数据状态分为结构化数据、半结构化数据和非结构化数据，这些数据处于整个信息资源整合体系的最底层，也就是数据层，即基础层。数据层整合是一种物理整合方法。数据层整合是对现有的信息资源重新组织、深度加工和知识服务的过程。

网络货运信息资源整合资源维度状态分析　　　　表 5-2

维度/状态	含义/功能	范　围	关键技术
结构化数据（R_1）	具有属性、值格式的数据、提供描述结构资源的格式	数据库、结构化标示语言、标准化运输单据等	数据库技术、信息组织技术
半结构化数据（R_2）	部分附加属性值格式的数据，附件部分提供描述信息样式	个性化的运单信息、设施装备信息数据等	数据标识、格式转换技术
非结构化数据（R_3）	不具有属性、值格式的数据、描述动态的、非常规的信息内容	无标记的文档，未经标引的信息	信息采集、内容分析、特征体局标引、摘要

数据层整合的优势在于，经过该层整合后，便于进行数据的统一存储或迁移，便于在其上进行数据挖掘，进行分析和决策等。

2. 服务维度的整合方案

网络货运信息资源整合体系中的服务维度显示了信息资源整合的资源利用效率，在"信息存储—信息检索—信息关联"的信息服务过程中，资源处理的智能化不断增强，服务的效率不断提高。这一关于信息资源的整合服务过程的含义、范围以及关键技术解释见表5-3。其中信息存储是指按照特定格式进行存放数据，对数据信息进行组织和压缩；信息检索是指按照用户需求，利用合适的索引技术和恰当的语义匹配来获取所需信息；信息关联是指根据信息资源需求者的需求，按照特定联系，开放链接协议并对信息进行连接分析和知识元关联，实现相关信息的相互连接。

网络货运信息资源整合服务维度状态分析　　　　表 5-3

维度/状态	含义/功能	范　围	关键技术
信息存储（S_1）	按照特定的格式进行存放数据	信息资源 R	数据组织、数据压缩
信息检索（S_2）	按照特定需求进行信息获取	信息资源 R	索引技术、语义匹配
信息关联（S_3）	按照特定联系将信息相互连接	信息资源 R，目前主要为 R_1 和 R_2	链接分析、开放链接协议、知识元关联

服务维度的整合相对于整个整合系统而言，就是系统的中间层整合。它是一种逻辑（或称虚拟）整合方法，可细分为"链接入口层"和"元数据层"两个子层次。

其中,"链接入口层"整合是针对同构系统而进行的一种逻辑整合方法,"元数据层"整合是针对异构系统而进行的一种逻辑整合方法。这两个子层次的整合有以下两个步骤:首先,这两个子层次的整合本身不建立资源库,而是以代理的角色接受用户的请求,通过中间件技术把查询请求转换成相应信息系统的查询语言和方法,分别对各个子系统发出检索请求;然后,将各个信息系统返回的命中结果经过处理后在同一界面上呈现给用户。

3. 应用维度的整合方案

网络货运信息资源整合的应用维度显示了信息资源整合的资源应用层次,按照网络货运业务开展实际,不断提高资源整合的范围和深度。应用维度的整合是最高层的整合,也称为表现层的整合。应用维度的整合也是一种逻辑整合方法,它是将各种与网络货运相关的应用进行集成,在网络货运信息平台上建立功能模块,为合作伙伴提供信息整合和共享服务,为托运人提供统一的服务。应用维度整合主要通过网络货运功能模块的设计进行,是直接面向用户的服务,将在下一节重点介绍。

第三节 网络货运信息资源整合路径

网络货运企业主要以结构合理、功能完善的信息平台作为依托,来实现对信息资源和服务维度的整合,面向客户提供信息服务,并进行日常管理和决策。

一、平台设计

本章构建了网络货运信息平台模型,如图5-3所示,并将网络货运信息平台分为以下几个功能模块:数据交换功能模块、信息发布功能模块、业务交易功能模块、行业监督管理功能模块。各功能模块相互耦合,共同实现平台的数据转换、信息实时共享、在线交易、监督管理等功能目标。

本章对网络货运四个功能模块的功能定义如下。

1. 数据交换功能模块

网络货运信息平台主要利用全球定位系统、全球移动通信系统、射频技术等与企业客户端管理平台实现双向无线通信来获得企业信息(主要包括物品、车辆、库存、配送、市场、运输企业、政策以及合同管理等方面信息)。这些初始数据通常源自经济区内的不同信息系统,不同系统采用的应用程序、数据库类型、数据结构往往存在差异,所以该平台应能够实现异构数据之间的转换、传递、维护和共享等工作。该功能模块通过界定初始数据的格式与标准,对异构数据进行统一转换、存储和维护,解决由于系统和结构差异造成的信息传递效率低下、适用性不高等问题,为平台实现"一站式"服务打好数据基础。数据交换网络货运的运作流程如图5-4所示。

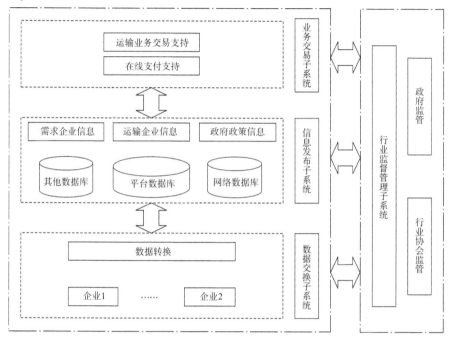

图 5-3 网络货运信息平台模型

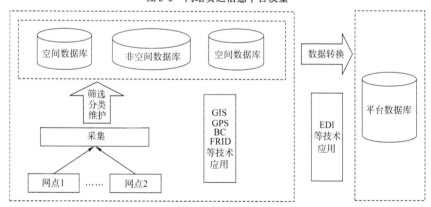

图 5-4 数据交换功能模块

2. 信息发布功能模块

信息发布功能模块为网络货运的各项活动提供信息处理、信息公开等服务,汇聚了各个伙伴企业的供求信息,同时又是政府部门向外界发布相关法律法规、政策措施、战略布局等信息的平台。政府相关管理部门可以运用信息发布功能模块及时发布最新政策、法规。与此同时,企业可以通过平台获悉最新的政策、法规并做出快速反应。信息发布功能模块的原理如图5-5所示。

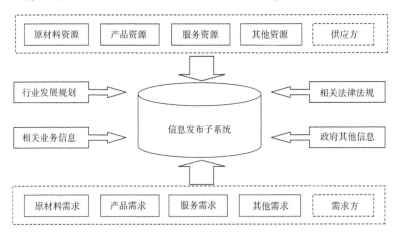

图5-5 信息发布功能模块

3. 业务交易功能模块

基于网络货运业务在线交易的需求,建立业务交易功能模块并结合信息发布功能模块的相关功能,不仅可以大大增强在线交易的便捷性,还可以促进传统交易方式与在线交易方式之间的有效衔接。该功能模块主要涵盖业务交易支持、安全认证支持、在线支付支持、订单管理、订单跟踪等功能。业务交易功能模块设计原理如图5-6所示。

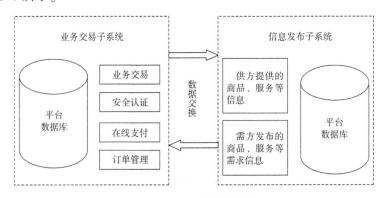

图5-6 业务交易功能模块

4. 行业监督管理功能模块

行业监督管理功能模块是网络货运信息平台有序运转的重要保障。政府和行业协会通过该系统可以对网络货运各个相关环节的活动进行有效监管,并对各种状况做出准确、快速的反应。该功能模块为实现网络货运运行的有效监管和规范运作提供支持。此外,行业监管功能模块对其他三个功能模块起到全程监督管理和控制的作用,从而保证整个网络货运信息平台安全、有效地运行,发挥平台应有的作用。

二、流程分析

网络货运企业依托上述信息平台及其功能模块,通过信息采集、组织、加工以及服务等关键环节,实现对信息资源的整合,具体流程如下。

1. 信息采集

信息资源整合的基础和前提是对各类信息进行有效采集。网络货运企业应着重构建信息采集的技术平台,主要包括 GPS、GIS、GPRS、射频技术、网络技术等方面。目前,卫星定位系统已经被广泛应用,2014 年 7 月起施行的《道路运输车辆动态监督管理办法》规定,重型载货汽车和半挂牵引车在出厂前应安装符合标准的卫星定位装置,并接入全国道路货物运输车辆公共监管与服务平台的有全球定位系统(Global Position System,GPS)以及国产的北斗卫星导航系统(BeiDou Navigation Satellite System,BDS)系统,主要用于车辆的导航定位。同时,物联网的应用也逐渐普及,所有物流设施、载运单元等物流资源、货物都可以连接到互联网上,实现物物互联,对网络内的人员、机器、设备和基础设施进行实时管理和控制。这将极大地提高物流服务的智慧化、智能化,促进物流信息化、运输智能化、配送中心一体化的实现和升级。其主要包括 RFID 技术、传感器技术、嵌入式智能技术和纳米技术。网络货运企业应根据发展水平和客户需要,逐步进行推广应用。

2. 互联与传导

打破企业间信息障碍,实现信息互联互通是网络货运信息系统的关键。信息互联与传导模式的设计,是为了实现网络货运企业对运输任务运行过程中各项数据进行透明准确的掌握,如车货位置及运行情况等,实现货运信息服务功能,提高协同程度,获得最佳的运输协同方案,以及实现对成本、速度的掌控,从而获得最大的协同效益。

通过应用 GPS、GIS、GPRS、自动识别技术等先进信息技术,进一步对网络货运内部主体进行明确分工,形成有效的互联传导模式,提高信息传导效率和准确性,具体如图 5-7 所示。

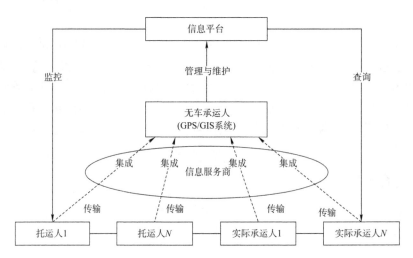

图 5-7　网络货运信息传导模式

具体分工如下。

（1）网络货运信息平台。提高平台接口的兼容性，对网络货运信息系统有效兼容和对接，制定电子运单等各类数据标准，监督督促各伙伴企业及时上传数据，提高信息的可用性，加强信息挖掘和功能开发，全面掌控人、车、货物信息，实现运输任务的全过程可跟踪、可管理、可控制、可追溯，提供货运资源实时位置、行驶状态、车辆实时运力、紧急情况报警及车辆控制等功能。另外，需做好与客户的信息互动，满足客户主动、随时了解货物的运行状态信息及货物运达目的地的整个过程的需求，确保客户使用短信、USSD、Web 等查询手段的可操作性，确保货物安全、准时到达。

（2）合作伙伴。确保在运输过程中，车辆等设备始终处于平台监控之下，确保相关信息采集装备的完好性，及时上传相关数据，为运输任务计划安排调度的协同协作做好信息保障，加强相关人员的监督教育，确保信息的准确性、安全性和及时性。

3. 集成与处理

网络货运信息集成和处理是信息协同的价值体现，通过采集、互联和传输环节的实现，将网络货运企业及其相关企业信息在信息平台进行集成，对信息进行挖掘开发，实现更多的服务功能。其信息平台运行基本框架包括信息采集终端、通信网络和监控调度中心，如图 5-8 所示。

信息采集终端主要由车载定位系统 GPS 和 RFID 等自动识别系统来实时记录车辆的位置信息、运行状态和货物状态信息，主要与通信网络连接，同时接受监控调度中心发出的监控指令。

第五章 网络货运信息资源整合

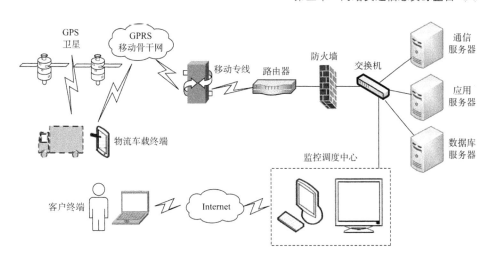

图 5-8 网络货运资源全程监控系统网络拓扑示意图

通信网络是车载定位和货物状态监控与监控调度中心之间的信息交互通道,通过通信网络(GPRS、WLAN网络)将车辆位置、货物状态信息传送到监控调度中心,监控调度中心将调度信号传送给信息采集终端。

监控调度中心能够依据GPS的车辆定位信息和货物状态信息的反馈,实现运行状况的可视化管理,实时、直观地呈现车辆的动态,通过相关管理软件(如TMS运输管理系统)进行合理调度。该中心还能够存储运行数据,通过财务结算软件,对业务收入按协议规定进行分配。同时,客户能够通过Internet或手机实时查询和跟踪货物的当前状态。

信息平台的另一个重要功能是信息传播过程的管理和处置。其主要功能具体如下。

一是在运行执行的过程中,对运输任务进度、成本、质量、风险增多等偏差进行控制,并由信息中心建立一套完善的管理工具与方法,用于纠正执行偏差。

二是承担信息安全的责任。主要责任包括建立相应的信息安全奖励惩罚制度与安全应急机制、及时发现并控制可能发生的信息泄露风险。

4. 信息发布

网络货运的信息发布主要取决于其信息平台的公共性,不仅向客户、实际承运人发送动态信息,还向行业发布货源、车源等信息。信息发布的方式主要包括以下几种:

(1)呼叫中心。可分为基于交换机、板卡及网络电话或网络交换机的呼叫中心方式,除提供类似电话银行机器语音应答的服务方式外,还具备随时转到人工座席的功能,而且能够根据出行者级别的高低,分级处理,提供7×24h的不间断服务及个性化服务。

(2)短信服务平台。互联网技术和无线数据技术的迅猛发展为无线移动通信和互联网应用的结合提供了技术基础。一些软件公司和中国移动通信集团有限公司合作相继发布其短消息互联网接入解决方案,支持基于我国移动点对点协议的本地化短消息信息推送服务、信息点播服务。短信服务平台的这些特点决定了其可用于网络货运信息平台的信息发布,可提供运输活动信息的点播服务、运输信息的广播服务及定制服务。

(3)车载终端。车载终端设备一般均与GPS捆绑,可以提供车辆的定位、跟踪、轨迹记录等服务。车载终端作为一种个性化的交通信息发布方式,可以采用不同的传输方式获得交通信息,以图形、文字、语音的形式展示给出行者。普通的车载设备由显示器、语音设备、GPS接收器、信号接收器、处理器等部分组成。可分为GSM车载终端、GPRS车载终端、CDMA车载终端、红外信标车载终端等。

(4)WEB门户。利用Internet技术在Web门户发布信息是一种较为广泛且便利的方式,只要拥有浏览Web的条件,就不必为查询、获取信息而额外购置其他设备,可最大限度地降低用户的经济负担,真正实现网络货运相关信息的行业共享,且易于其他独立开发的信息服务系统进行无缝集成。

三、运营模式

目前,信息平台的主要运营模式有政府主导模式、企业主导模式、协同运营模式。政府主导模式存在与市场结合不够紧密、需要政府长期投入的问题,企业主导模式存在企业投资资金压力大、整体性不强等弊端。根据网络货运的特点、所处发展阶段及内外部环境需求,其信息平台宜采用协同运营模式,即企业主导、政府推动、市场化运作的建设模式。信息平台在建设运营过程应注意以下要求。

1. 以网络货运业务需求和行业发展为导向

网络货运信息平台的建设除了要满足企业自身、合作伙伴及托运人的功能需求外,还要满足行业发展和政府监管的要求,重点建设社会物流公共服务中需求迫切、条件具备、效益明显的应用项目,解决企业自身不能解决而又希望政府解决的事宜。

2. 加强与上下游企业和关联企业的信息协同

以信息资源整合为手段,以构建和完善网络货运信息资源体系为核心,打破信息资源的单位分割、地域分割与业务分割,着力加强上下游关联企业之间、不同区域运输企业之间的业务协作能力建设,形成网络货运信息化发展合力,发挥信息化规模效益。

3. 实行多层次多方位的专业信息服务联营模式

运输服务供需双方、软件开发商、信息服务商、电信运营商及物流企业多方合作,形成围绕信息服务多实体共生的体系,提供应用服务和数据服务,创造多方共赢的局面,营造出良好的服务环境:

(1)运输供需双方利用信息服务,实现自身业务价值。

(2)平台软件开发商提供软件即服务(Software-as-a-Service,SaaS)开发环境,推动专业服务软件发展。

(3)信息服务商利用平台提供货运数据,整合成为有价值的资源数据,为社会提供咨询服务。

(4)开展移动互联应用,电信运营商通过自身客户移动手机接入平台,顺应移动应用的趋势,为企业提供便捷接入的同时,也提高了网络货运信息平台的效用价值。

(5)网络货运利用平台提供的云计算服务,节省企业开发系统的成本,提升企业的信息化水平。

4. 充分吸纳各类社会资源的参与

通过吸收终端提供商、电信运营商、软件提供商等各类社会资源加入,培育相关交通运输信息服务产业,产生增值服务。利用大型通信运营商作为运营主体,借助其在综合信息服务、多样化产品线、客户资源、收费及渠道推广等方面的优势资源,产生更多的跨行业增值服务。平台可利用云计算模式将运输信息服务划分为咨询服务商、网络基础设施提供商、平台供应商、应用软件提供商、独立软件开发商、电信运营商和客户等,形成围绕信息服务多实体共生的体系,提供应用服务和货运数据服务,创造多方共赢的局面,营造出信息服务良好的生态环境。

四、结果分析

本书构建的网络货运信息平台,可以实现以下效果:

(1)实现对网络货运内部业务数据的整合。原来以实现单一运输业务功能和企业职能为目标而建立的信息系统,存在模块分散、资源孤岛的问题,使得网络货运企业内部横向多条块业务难以沟通,纵向多层次系统难以集成的局面。内部业务数据的整合可以实现信息资源的有效共享和关键数据的多业务复用,最终形成统一的全局数据视图,促进网络货运企业的优化管理。

(2)促进市场信息的充分沟通和交流。市场信息的不对称是造成运输成本高的重要原因之一,通过构建网络货运信息平台,广泛搜集和共享运输市场上的货源和运输企业信息,使得网络货运企业准确把握车辆和货物的位置、数量、种类等多种信息,从而可以合理安排和调度运力,避免不必要的无效行驶,节约运输市场的资源。

(3)实现对货运市场数据的挖掘、分析和利用。构建和完善车辆数据库和用户数据库,形成大数据库,通过对这些数据的挖掘和分析,形成有针对性的、有价值的信息,可以为网络货运企业的智慧调度、智能化管理等提供决策依据。

第四节 网络货运信息资源整合案例分析

宁波某网络货运企业是浙江省无车承运人试点企业,主要以生产企业、贸易企业及物流企业为主要客户服务对象,以车队、多式联运企业及仓储企业为实际承运人,联合政府、港口、海关、国检、税务、金融、保险、汽配厂、加油站及停车场等各方资源,形成全方位的网络货运服务模式。利用自身构建的集成化信息平台,与各类战略伙伴广泛合作,整合多种信息资源,帮助客户企业进行业务流程再造与优化,实现客户企业物流运作能力提升。

在信息化整合方面,该企业推出了网络货运平台,对客户供应商数据库、业务流向数据库、车辆信息数据库、交易信息数据库进行全方位整合,并实现了营销与客服、智慧调度、高效配送及成本控制等功能,如图5-9所示。

网络货运平台初步形成了在线流转的业务管理模式、多维度监控的流程设计模式及标准化的运输操作模式。

(1)在线流转的业务管理模式。在充分理解项目的商业模式和作业规范的基础上,紧扣提高作业效率和降低运营成本两大主线展开,采用多种

图5-9 某企业网络货运平台功能图

信息化手段(如GPS、移动APP应用、短信等)与上下游企业进行多方位的协同,并对业务进行适当的优化组合,提高运营效率,降低运输成本。在系统稳定高效运行后,运输作业的计划性和规范性将作为未来公司信息化长期的目标,为该企业今后高速业务增长提供信息技术保障。

（2）多维度监控的流程设计模式。项目平台将从运营管理的角度，提供业务看板，为公司股东和各级管理者提供品质管理监控平台，实现对业务结构和业务作业的多维度监控。将委托方和承运方整合到平台上，提供业务作业协同（订单协同、跟踪协同、结算协同等）。在统一的平台上，实现多对多的信息交互。

（3）标准化的运输操作模式。当前项目的业务系统已实现了散货、拖卡的作业流程，同时针对带货、小箱配对等特殊业务，提供规范的调度作业流程控制。系统从基础数据开始（如线路规划、油耗、运价等）进行规范，采用交通运输部有关标准，并在订单流转、作业单流转等环节，提出针对交通部规范的修正稿，提交国家交通运输物流公共信息平台进行标准认定。

该信息平台同时也将电子商务及移动App应用到企业运作中。

（1）电子商务运用。信息平台完成网络货运基于互联网的业务协作功能，主要有会员管理、订单流转、物流可视化、网上结算等。集中改造现有集装箱运输平台，以适应网络货运企业的物流作业要求，并和电子商务平台协同，完成整个物流作业生命周期。某网络货运企业电子商务应用如图5-10所示。

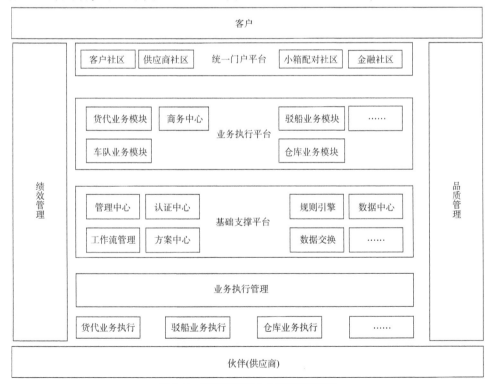

图5-10　某网络货运企业电子商务应用

网络平台道路货物运输运营模式研究

（2）移动 APP 运用。移动 APP 的应用主要集中解决网络货运订单流转和作业安排中有关移动应用问题，同时，将订单延伸到移动终端，为平台和车队(承运方)的互动提供移动终端支持，使得上下游的协同更加便捷。

第六章 CHAPTER

网络货运运营机制分析

第一节　网络货运利益分配机制

一、利益主体构成

利益分配,是指合作所获利益在各参与者之间的分配。网络货运企业与其合作伙伴之间通过谈判,形成合理的利润分配机制,既能够维持和巩固双方的合作关系,又能够提高网络货运整体的效率和绩效。利益由利益主体、利益客体和利益中介三个要素构成。网络货运利益主体是指由网络货运企业、实际承运人和托运人组成的利益群体,从宏观角度看,这个利益群体在实现集体效用最大化的同时,其创造的运输服务既丰富了社会产品,又为从业人员创造了就业机会,创造了巨大的社会利益。网络货运企业的利益客体主要指车辆、仓储、信息等资源,网络货运企业对这些利益客体进行了整合和优化,从整体上提高了社会资源利用效率。

二、利益分配原则和模式

网络货运企业在利益分配时必须遵循一定的规则,才能使得合作关系不会因利益分配不均而导致合作破裂。一般来说,利益分配主要遵循以下几条原则。

1. 公平兼顾效益原则

网络货运企业作为一个利益集合体参与道路货物运输市场竞争,需要与各合作伙伴紧密合作。公平有利于合作伙伴间合作精神的培育,避免合作伙伴间矛盾的产生。但是,过分的公平会影响合作伙伴提高效益、增强创新能力、节约成本的积极性,所以必须在公平和效益间找到一个平衡点,既保证公平又兼顾效益。

2. 互惠互利原则

即分配方案应使每个合作伙伴的利益得到基本保证。由于合作伙伴企业之间既保持着合作关系,又存在一定的竞争关系,各企业在争取自身利益的同时,必须考虑合作伙伴的收益,以不破坏合作关系为最低标准。只有互惠互利,才能形成长久、稳定的合作关系。

3. 结构利益最优原则

即从实际情况出发,在实现集体效益最优的前提下,合理确定利益分配的最优结构,促使各合作企业实现最佳合作、协同发展。

4. 投入、风险与收益相对称原则

在制定分配方案时,主要依据企业的生产投入和拥有的有效资源进行分配,同时还要充分考虑各企业所承担的风险大小,对承担风险大的企业应给予适当的风险补偿,以增强其积极性。如果不考虑利益与创新性投入和风险的相关性,合作伙伴则缺乏投入资金进行创新和承担风险的动力,这将导致网络货运企业整体竞争能力的下降和发展的不稳定。

一般来说,常见的利益分配模式有以下三种。

1. 固定支付模式

固定支付模式是指一个成员(一般是核心企业)根据其他成员承担的任务,按事先协商好的酬金,给其从合作最终的总收益中支付固定的报酬(可以一次性支付,也可以分次支付)。而核心企业则享有合作的其余全部收益,同时也承担全部风险。

在利益分配问题中,有时分配对象表现为一个预先给定的固定总量,称为固定总量模型。其描述如下:设 $N = \{1, 2, \cdots, n\}$ 为一组个体集合,$P = \{p_1, p_2 \cdots, p_n\}$ 为非负 n 维向量,表示需求、效用或者权利等;以正数 V 表示预先给定的分配总量。假设 $\sum_{i=1}^{n} p_i \leq V$,则利益分配问题可以表示为求解 $X = \{x_1, x_2, \cdots, x_n\}$ 函数,满足 $\sum_{i=1}^{n} x_i \leq V$。

其中接线量 X 是 P 的函数。

可以看出,固定支付模式接近市场交易模式。

2. 产出分享模式

产出分享模式是指合作伙伴按一定的分配比例系数从合作最终的总收益中分得自己应得的一份收益。这是一种利益共享、风险共担的分配模式。

3. 混合模式

混合模式是前两种模式的结合,核心企业既向其他成员支付固定的报酬,同时也从总收益中按一定比例向其支付报酬。模式的具体选用视实际的市场机遇的性质、获利把握性、合作伙伴的规模大小、发展战略和风险态度等因素而协商决定。

固定支付模式是一种市场交易模式,即不存在运输合作的前提下,市场上企业之间的交易模式。这种收益分配模式在网络货运合作中较少存在。同时,固定支付模式和产出分享模式可以看成混合模式的两个极端情况。

三、利益分配模型

针对网络货运合作伙伴之间的利润分配,以网络货运企业和实际承运人之间

的合作为例,两者是一种合作契约关系,但是在利润分配的时候,网络货运企业往往占据主导地位,并且两者在利润分配的同时,各自为了争取更多的利润,还存在谈判的方式。而在实际中,网络货运合作伙伴关系中的信息不对称性仍然是一个关键特征。在由多个成员组成的契约模型的某些层次上,对模型参数的认识会影响到模型的应用结果。所以,在利润分配过程中,仅仅依靠原有契约设计方的既定设计难以达成实际的协调。必须经过签约双方反复协商、信息交互和多次博弈过程,才有可能达成共识。也就是说,最后的协议条款是经过反复谈判博弈的结果。网络货运的合作表现为阶层关系,并各自有不同的目标,且各层的决策具有上下交互影响的特性,考虑多层规划方法更符合实际情况。因此,本书采用构建基于网络货运利润分配的双层规划谈判模型。

双层规划是具有双层递阶结构的系统优化问题,是多层规划问题中最基本和常用的一种。双层规划问题中有两个独立决策者,各决策者努力优化各自目标,系统的交互决策过程呈现出递阶关系。第二层决策者(SLDM)做决策时必须考虑第一层决策者(FLDM)的决策结果。同样,第二层的决策也影响第一层的决策,其一般形式如下。

上层模型:

$$\max_{x_1} f_1(x_1, x_2) = c_{11} x_1 + c_{12} x_2 \tag{6-1}$$

下层模型:

$$\max_{x_1} f_2(x_1, x_2) = c_{21} x_1 + c_{22} x_2 \tag{6-2}$$

$$\text{s.t.} \ A_1 x_1 + A_2 x_2 = b, x_1, x_2 \geq 0 \tag{6-3}$$

式中: $f_1 \, , f_2$ ——第一、第二层决策目标,为线性、有边界的,两层决策者分别控制向量 $x_1 \, 、 x_2$;

$c_{11} \, 、 c_{12} \, 、 c_{21} \, 、 c_{22} \, 、 b$ ——常量;

$A_1 \, 、 A_2$ ——常数矩阵。

首先,给定模型的假设条件:

(1)实际承运人运输产品的种类及单位生产成本为已知;

(2)最终网络货运企业的运输需求订单即为实际承运人的运输生产的总和;

(3)单车运输成本与运输次数和距离成比例,而与运输数量无关。

假定网络货运企业最先做出决策,实际承运人跟随做出决策,则双方分别处于上、下层关系或主方(leader)和从方(follower)关系。由此建立二层规划模型如下。

上层模型：
$$\max R_1 = P - R - c_1 \tag{6-4}$$

下层模型：
$$\max R_2 = R - c_2 \tag{6-5}$$
$$\text{s.t.} \ P = R_1 + R_2 + c_1 + c_2, c_1, c_2 \geq 0$$

模型中，R_1 为网络货运企业的利润；R 为实际承运人的收益；c_1 为网络货运企业的运营成本；R_2 为实际承运人的利润；c_2 为网络货运企业的运营成本。

第二节　网络货运合作机制

一、网络货运信任机制

信任是合作的基础。与实际承运人、托运人等建立可靠的信任机制，是网络货运企业稳定发展的基础。本书从以下几个方面构建信任机制。

（1）对各主体的信任需求程度进行评测。在复杂的运输市场环境中，虽然网络货运各合作伙伴都期望得到彼此之间的信任，但是由于不同主体的角色不同，其对信任的需求也存在一定的差异；另一方面，在不同的合作阶段，同一主体对信任的需求也会不同。因此，对运输各环节合作主体的信任需求程度进行评测非常有必要。

（2）对影响各合作主体之间信任的因素进行评估。信任机制的达成，必不可少的是对影响信任的因素进行筛选和评估。在实际合作中，网络货运企业的发展战略、实际承运人的运输服务质量、忠诚度、竞争对手等均是影响这种信任的复杂因素，因此各合作主体应在上述各方面达成一致和信任。

（3）加强沟通互动，建立共同愿景。在网络货运企业与实际承运人合作初期，需要经历一个磨合和相互适应的阶段，这个阶段双方应加强信息沟通和信任培养。随着合作的逐渐深入，双方的信任会得到强化，合作会更加稳固。

（4）建立机会主义防范机制。机会主义行为是指在信息不对称的情况下，实际承运人通过欺骗网络货运平台获取私利的行为，比如骗货、违约、欺诈等行为。网络货运企业主要通过签署合同契约、加大欺骗成本等手段来避免合作伙伴机会主义的发生。

通过以上措施，建立网络货运企业和各合作伙伴之间的信任机制，企业，尤其是作为核心的网络货运企业，能够非常清晰获知自身所需达到的信任程度、通过信任可以得到的收益等。因此，信任机制可以推动网络货运企业和各合作伙伴在心理上达成一致,促进二者建立良好的、稳定的信任合作关系。

二、网络货运共享机制

在道路货物运输市场中,一切物质和资金的流动都来源于信息的流动。伴随网络货运企业和各合作伙伴之间合作的开展,会产生大量的信息,而信息流是双向的,可以反映和控制物质流与资金流。网络货运企业和各合作伙伴必须重视信息的共享。概括起来,这些信息主要包括以下几个方面。

(1)货源信息。货源信息主要来自托运人,这部分数据来源于网络货运企业对市场需求的预测。而对于托运人而言,他们对网络货运企业的运力供给情况和运输服务质量非常关注。因此,网络货运企业与托运人之间应共享信息,以避免信息失真,节约成本。

(2)车源信息。网络货运企业关注的车源信息主要来自实际承运人,能否准确、实时掌握实际承运人的运输能力、运输服务质量、运输装备数量等信息,对于网络货运的业务开展非常重要。

(3)资金流和财务信息。网络货运企业应及时了解合作伙伴的资金流动情况和财务状况,以便准确掌握合作伙伴的运营状况,便于作出合理的战略决策。反过来,各合作伙伴也期望获得网络货运企业的财务信息。

然而,信息共享机制的建立,需要通过计算机集成制造、电子数据交换、计算机辅助设计、行业执行信息系统等信息共享的技术手段,对上下游各合作伙伴在合作中所需要的信息进行搜集、分析。在此过程中,应建立以下信息共享机制。

(1)建立信任文化。信任是合作机制的基础,是网络货运企业与各合作伙伴之间合作的基础。由于失去信任而导致信息失真,会严重影响网络货运企业与各合作伙伴内部的信任文化,从而导致合作失败。合作双方应为良好的信任文化和合作氛围的打造作出努力,双方要及时传递有效的信息。

(2)建立伙伴关系,主动提供各类信息。建立战略合作伙伴关系,会对虚报信息的伙伴企业产生较强的压力,降低企业欺骗行为发生的概率。

(3)详尽的信息收集。网络货运企业应主动进行信息收集,并甄别正确的信息。

三、网络货运监督机制

在网络货运企业与合作伙伴企业合作过程中,随着市场环境变化,经常出现单方或双方退出合约的违约状况,给另一方造成不利影响。为了避免这种情况的发生,在合作之前,网络货运企业一般与合作伙伴就合作的中止问题进行研判,提出中途违约的惩罚机制。违约惩罚机制是长期稳定合作的有力保障。

当违约金额大于不合作的收益与合作的收益之差,且小于对方的损失时,可能会出现双方都合作或双方都不合作的情形。当违约金额大于不合作的收益与合作的收益之差,且大于对方的损失时,合作双方一定会遵从合约,从始至终采取与对方合作的策略,这是因为违约金额太高,也就是说,在违约的成本远远高于不合作的收益时,这样的违约惩戒效果是相当显著的。

因此,对于网络货运企业及其合作伙伴而言,其在签署合作协议之前,应科学评估其各自合作的收益和违约的损失,设置合理的违约处罚金,以保障双方权益。

第三节 网络货运风险防范机制

一、风险分析

网络货运企业和托运人、实际承运人有着不同的目标、盈利模式和管理机制,加上契约的不完备和不对称性,三方在合作过程中可能会出现沟通协作困难、利益分配冲突、合作模式不明、责任义务不清等问题,增加网络货运的运营风险。总体而言,网络货运风险评价不是仅仅依靠对网络货运企业的单一评价,而是对整个运输过程中各环节的全面评价,风险不仅可能源自网络货运企业本身,还与其所处环境、运输对象以及参与整个交易环节的多个主体有关,涉及范围和因素复杂多变。所以,在对网络货运企业风险指标进行分析时,不但需要涵盖网络货运主体绩效与网络货运市场环境,还需涉及与承运业务密切相关的债项状况。概括起来,网络货运风险主要包括网络货运企业自身风险、经营环境风险、下游承运人企业风险、上游托运人企业风险、托运货物风险及承运托运关系风险 6 个方面。这些风险具有扩散性、不确定性、损益性、客观性以及偶然性等特征。

二、风险预警指标

现有针对网络货运风险的研究较少,而从道路运输整个流程中的风险综合分析更为少见,尚无成熟、有效的指标选取标准。因此,在实际构建指标过程中就需要能合理界定风险项目,坚持全面且客观适用的原则,将网络货运风险预警指标体系初步分为 6 大类、17 个二级指标、43 个三级指标,见表 6-1。

根据指标体系有效性检验和敏感性分析,剔除相关指标后,最终得到包含 26 个三级指标的网络货运风险预警指标体系,见表 6-2。

网络货运风险预警指标初选 表 6-1

一级指标	二级指标	三级指标
网络货运企业自身风险 X_1	企业素质 X_{11}	企业管理水平 X_{111}
		发展战略 X_{112}
		信息化水平 X_{113}
		负债率 X_{114}
	承运能力 X_{12}	货物周转效率 X_{121}
		账款周转效率 X_{122}
	议价能力 X_{13}	上游议价能力 X_{131}
		下游议价能力 X_{132}
	发展潜力 X_{14}	资产增长率 X_{141}
		利润增长率 X_{142}
		营收增长率 X_{143}
经营环境风险 X_2	宏观经济环境 X_{21}	宏观经济运行状态 X_{211}
		地区经济发展水平 X_{212}
		政策法律环境 X_{213}
		产业政策 X_{214}
	行业发展环境 X_{22}	市场竞争强度 X_{221}
		联运发展水平 X_{222}
		地区进入壁垒 X_{223}
		市场规模 X_{224}
下游承运人企业风险 X_3	承运企业实力 X_{31}	企业规模 X_{311}
		运输工具匹配性 X_{312}
		企业资质 X_{313}
	盈利能力 X_{32}	净资产收益率 X_{321}
	企业信用 X_{33}	企业信用水平 X_{331}
		企业负债率 X_{332}

续上表

一级指标	二级指标	三级指标
上游承运人企业风险 X_4	托运企业实力 X_{41}	市场规模 X_{411}
		特殊托运要求 X_{412}
	偿债能力 X_{42}	现金流状况 X_{421}
	企业信用 X_{43}	企业信用水平 X_{431}
		企业负债率 X_{432}
托运货物风险 X_5	货物属性险 X_{51}	货物性质 X_{511}
		托运数量 X_{512}
		时效性要求 X_{513}
		货物价值 X_{514}
	订单状况险 X_{52}	信息完备状况 X_{521}
		订单保管状况 X_{522}
承运托运关系风险 X_6	合作稳定性 X_{61}	价格优势 X_{611}
		潜在竞争者 X_{612}
	合作深度 X_{62}	合作时间 X_{621}
		合作质量 X_{622}
		合作频率 X_{623}
	履约质量 X_{63}	违约率 X_{631}
		利益冲突 X_{632}

网络货运风险预警指标体系　　　　　　　　　　　表6-2

一级指标	三级指标
网络货运企业自身风险 X_1（8个）	企业管理水平 X_{111}、信息化水平 X_{113}、负债率 X_{114}、货物周转效率 X_{121}、上游议价能力 X_{131}、下游议价能力 X_{132}、资产增长率 X_{141}、利润增长率 X_{142}
经营环境风险 X_2（3个）	产业政策 X_{214}、市场竞争强度 X_{221}、市场规模 X_{224}
下游承运人企业风险 X_3（4个）	企业规模 X_{311}、运输工具匹配性 X_{312}、净资产收益率 X_{321}、企业信用水平 X_{331}
上游承运人企业风险 X_4（3个）	市场规模 X_{411}、现金流状况 X_{421}、企业信用水平 X_{431}
托运货物风险 X_5（4个）	托运数量 X_{512}、时效性要求 X_{513}、货物价值 X_{514}、订单保管状况 X_{522}
承运托运关系风险 X_6（4个）	价格优势 X_{611}、潜在竞争者 X_{612}、合作质量 X_{622}、违约率 X_{631}

三、风险预警模型

1. 建模思路

现有研究中专门针对网络货运风险预警方法的内容较少,但是关于企业风险预警模型的成果较多,大致可分为以下两类。

(1)传统(古典)分析方法,代表模型有 ZETA 积分法、多元回归分析、Z 得分法等,是基于单项指标基础上进行的风险研究,优点是测算简单,但容易导致风险集中的问题。

(2)现代判别方法,代表模型有神经网络模型、Logistic 模型、Probit 模型、支持 SVM 模型、遗传算法、贝叶斯网络法等,选取指标多元化,相对更为科学,结果也较为客观合理。

综上所述,现有研究方法中尚存在一些不足之处。比如,神经网络模型具有收敛速度慢、容易陷入局部极小点等缺点;SVM 模型和算法最初是为解决二值分类问题设计的,在处理多分类复杂问题时存在一定困难,效果不佳;传统的遗传算法存在过早收敛于局部最优解的现象(也称算法早熟)、结果不稳定等缺陷,难以满足风险预警模型关于稳定性的要求。与传统风险概论计算模型相比,Logit 模型简单实用、稳健性较强。但考虑 Logit 模型对自变量的相关性较为敏感,所以在建模过程中,先对自变量做主成分分析,然后利用 Logit 模型预测承运风险概率。这种方法具有简单可行、计算结果较为精确等优点。

网络货运企业风险预警建模的思路与步骤为:

(1)样本初选,集中选取上游托运人与下游承运人的相关数据。

(2)根据网络货运预警评价指标体系的设置,对相关指标设定分值。

(3)对定量后的指标数据进行归一化处理。

(4)进行主成分分析,通过累计贡献率寻找一组互相无关的指标,进而进行回归分析,寻找对于被解释变量存在显著影响的随机变量,得到承运风险率方程。

(5)将网络货运下游承运人与上游托运人的指标值带入风险率方程,采用 Logit 模型对不同样本企业的违约概率进行测算,得到违约概率值。

(6)以5%的置信区间对比违约概率值,对比临界区间得出对应结论。

2. 主成分分析

主成分分析(PCA)是研究将多个变量通过线性组合变换成一组不相关变量,且新的变量按照方差依次递减的顺序排列。主要是减少自变量之间的相关重叠,利用少数变量替代整体进行统计分析的一种方法,其具体计算过程如下。

1) 对原始变量进行标准化

假设样本为 x_{ij}，构建样本矩阵 X：

$$X = \begin{vmatrix} x_{11} & x_{12} & \cdots & x_{1u} \\ x_{21} & x_{22} & \cdots & x_{2u} \\ \vdots & \vdots & \vdots & \vdots \\ x_{n1} & x_{n2} & \cdots & x_{nu} \end{vmatrix} \tag{6-6}$$

进行对角变化，消除量纲差异：

$$m_{ij} = \frac{x_{ij} - \bar{x}_j}{\sqrt{\text{var}(x_j)}} \quad (i=1,2,\cdots,n; j=1,2,\cdots,u) \tag{6-7}$$

其中，$\bar{x}_j = \frac{1}{n}\sum_{i=1}^{n} x_{ij}$，$\text{var}(x_j) = \frac{1}{n-1}\sum_{i=1}^{n}(x_{ij}-\bar{x}_j)^2 (j=1,2,\cdots,u)$ 得到样本矩阵的标准化矩阵 M。

2) 求解标准化矩阵 M 的相关系数矩阵

$$R = [r_{ij}]_{n \times u} = \frac{M^T M}{n-1} \tag{6-8}$$

其中，$r_{ij} = \frac{1}{n-1}\sum_{i=1}^{n} x_{ti} x_{tj}$，$i=1,2,\cdots,n; j=1,2,\cdots,u$。

3) 进行正交变换得 M 的特征值与特征向量

由 $|R - \lambda I| = 0$ 求解个 u 个特征根，求得相关系数矩阵的特征值 $(\lambda_1, \lambda_2, \cdots, \lambda_u)$ 和相应的特征向量 $a_i = (a_{i1}, a_{i2}, \cdots, a_{iu})$。

4) 计算每个特征值的贡献率 V_i

其中，V_i 是第 i 个主成分的方差（特征值）与总体方差（特征值）的比值，一般从大到小排序，体现相应主成分对于原始变量的信息包含程度由多到少。一般会选取累计贡献率在85%以上的前若干个主成分进行数据分析。

5) 主成分权重

通过对 i 个主成分综合变量加权求和后，可计算出最终评价值，每个主成分综合变量的方差贡献率就是权数。

3. Logit 模型的建立

网络货运企业的风险状态可以分为"有风险"和"无风险"两种状态，其风险概率属于典型的二分类变量，因此采用二分类 Logit 模型对网络货运企业风险进行研究。

以网络货运企业风险发生的概率为被解释变量，并将其定义为一个二元变量，假定风险概率取值为 P，因变量 $Y \in [0,1]$。其中 $Y=0$ 表示网络货运企业不存在风险，$Y=1$ 表示网络货运企业存在风险。假设 x_i 表示 Y 的自变量，则连续条件下，

$P(Y_i=1|x_i)$ 是 x_i 的单调函数。

对于连续变量 y_i'（对应事件发生的概率），当 $y_i'>0$ 时，$y_i=1$，当 $y_i'\leq 0$ 时，$y_i=0$，即：

$$y_i' = \alpha + \beta x_i + \varepsilon_i \tag{6-9}$$

有：

$$P(Y_i=1|x_i) = p[(\alpha+\beta x_i+\varepsilon_i)>0] = P[\varepsilon_i > -(\alpha+\beta x_i)] \tag{6-10}$$

对称变换后，有：

$$P(Y_i=1|x_i) = P[\varepsilon_i > -(\alpha+\beta x_i)] = P[\varepsilon_i \leq -(\alpha+\beta x_i)] = F(\alpha+\beta x_i) \tag{6-11}$$

即：

$$P(Y_i=1|x_i) = F(\alpha+\beta x_i) = \frac{1}{1+e^{\varepsilon_i}} \tag{6-12}$$

也即：

$$P_i = \frac{1}{1+e^{\varepsilon_i}} \tag{6-13}$$

其中，$\varepsilon_i = \alpha + \beta_1 x_{1i} + \cdots + \beta_m x_{mi} = \alpha + \sum_{k=1}^{m}\beta_k x_i$。

经过 Logit 变换，有：

$$\ln\frac{P_i}{1-P_i} = \alpha + \sum_{k=1}^{m}\beta_k x_i \tag{6-14}$$

式中：α——常数；

β_k——x_{ki} 的回归系数；

P_i——网络货运企业遭遇风险的概率，数值越大，则网络货运企业遭遇风险的可能性越大。

四、风险防范案例

1. 基本情况

在对全国网络货运企业进行广泛调查的基础上，通过初步筛选，选取 15 家成立时间大于 3 年并涉及普货运输与集装箱运输的网络货运企业，其经营业务相对规范，企业内部皆有自用的信息系统，从业人员都在 10 人以上，年营业收入均在 5000 万元以上。15 家企业主要从事道路货物运输、公铁联运和公水联运，承运煤炭、铁矿石、粮食、汽配件和集装箱等，业务环节相对封闭，市场环境相对成熟。共收集到以上 15 家连续 3 年（2012—2014 年）的数据信息，涉及 56 个样本节点。为保证模型测算精度,本书选择其中 18 个节点作为测试样本用于回归检验,其余 38 个样本节点作为训练样本,用于模型构建。

对网络货运企业风险预警指标体系中的 26 个三级指标进行主成分分析,可得到各成分的特征值和方差贡献率,见表 6-3。

特征值与方差贡献率计算结果　　　　　　表 6-3

成　分	特　征　值	方差贡献率(%)	累计方差贡献率(%)
1	3.37	25.07	25.07
2	2.64	23.33	48.4
3	2.48	19.64	68.04
4	2.26	11.37	79.41
5	1.84	5.68	85.09
6	1.69	2.31	87.4
7	1.42	2.35	89.75
8	1.11	1.28	91.03
9	0.87	0.95	91.98
10	0.85	0.91	92.89
11	0.82	0.85	93.74
12	0.73	0.76	94.5
13	0.71	0.63	95.13
14	0.69	0.58	95.71
15	0.68	0.57	96.28
16	0.64	0.55	96.83
17	0.61	0.49	97.32
18	0.58	0.47	97.79
19	0.51	0.47	98.26
20	0.46	0.43	98.69
21	0.43	0.42	99.11
22	0.41	0.41	99.52
23	0.37	0.24	99.76
24	0.34	0.11	99.87
25	0.28	0.09	99.96
26	0.13	0.04	100

提取对应特征值大于 1 的前 8 个主成分,其累计方差贡献率达 91.03%,如图 6-1 所示。因此,上述 8 个指标能有效反映原始指标的主要信息。

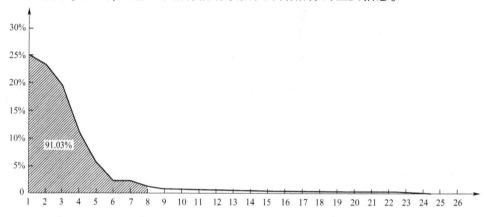

图 6-1　累计方差贡献率

为了进一步理解因子所代表的实际意义,可以通过因子旋转,使变量在较少的因子上有较高的载荷值,从而明确因子的含义。将上述 8 个主要因子分别记为 F_1、F_2、F_3、F_4、F_5、F_6、F_7、F_8,计算得到因子载荷矩阵,见表 6-4。

因 子 载 荷 矩 阵　　　　　表 6-4

变量	F_1	F_2	F_3	F_4	F_5	F_6	F_7	F_8
X_{111}	0.854	0.284	0.265	0.624	0.307	0.367	0.516	0.370
X_{113}	0.804	0.653	-0.495	0.379	0.367	0.322	0.629	0.445
X_{221}	0.368	0.945	0.491	0.471	0.445	0.664	-0.530	0.092
X_{121}	0.728	-0.324	0.085	0.129	0.040	0.072	0.249	0.103
X_{513}	-0.347	0.626	0.148	0.518	0.128	0.654	0.292	0.577
X_{522}	0.561	0.631	0.676	0.179	0.784	0.386	0.332	0.508
X_{611}	0.283	0.458	0.669	0.215	0.359	0.817	0.602	0.432
X_{622}	0.113	0.544	0.686	0.232	0.467	0.268	0.784	0.562
X_{214}	0.356	0.824	0.244	0.417	0.228	0.394	0.393	0.277
X_{114}	-0.286	0.567	0.420	0.672	0.129	0.300	-0.289	0.003
X_{224}	-0.175	0.749	0.366	-0.723	0.225	0.068	0.504	0.309
X_{311}	0.576	0.867	0.837	0.493	0.270	0.597	0.526	0.655

续上表

变量	F_1	F_2	F_3	F_4	F_5	F_6	F_7	F_8
X_{312}	0.454	0.214	0.393	0.583	0.522	0.753	0.612	0.609
X_{321}	0.356	0.262	-0.443	0.397	0.497	0.374	0.580	0.582
X_{331}	0.468	0.313	0.790	0.219	0.379	-0.534	0.619	0.451
X_{411}	0.345	0.423	0.673	0.856	0.372	0.523	0.618	0.446
X_{421}	0.297	0.127	0.560	0.792	0.200	0.395	0.354	0.246
X_{431}	0.211	0.051	0.718	0.550	0.119	0.270	-0.234	0.154
X_{512}	0.361	-0.128	0.366	-0.092	0.905	0.242	0.089	0.100
X_{141}	-0.445	0.472	0.221	0.389	0.102	0.288	0.275	0.154
X_{514}	0.317	0.442	-0.413	0.461	0.618	0.385	0.403	0.553
X_{142}	0.335	0.346	0.417	0.695	0.329	-0.424	0.551	0.395
X_{131}	0.288	0.254	0.408	0.552	0.259	0.352	0.747	0.047
X_{132}	0.426	0.551	0.435	0.007	0.477	0.379	0.875	0.386
X_{612}	0.522	0.326	-0.454	0.263	0.412	0.314	0.666	0.488
X_{631}	0.017	0.544	0.353	0.094	0.269	0.395	0.483	0.833

根据因子载荷矩阵可知：企业管理水平X_{111}、信息化水平X_{113}、货物周转效率X_{121}三个变量在因子F_1上有较大的载荷值，这三个指标反映了网络货运企业在管理水平、生产效率等方面的情况；市场竞争强度X_{221}、产业政策X_{214}、市场规模X_{224}三个变量在因子F_2上有较大的载荷值，这三个指标反映的是网络货运企业在经营过程中所存在的外部环境方面的情况；企业信用水平X_{331}和企业规模X_{311}两个变量在因子F_3上有较大的载荷值，这两个指标反映的是实际承运人企业的经营情况；市场规模X_{411}和现金流状况X_{421}两个变量在因子F_4上有较大的载荷值，这两个指标反映的是与托运人企业的经营情况；订单保管状况X_{522}和托运数量X_{512}两个变量在因子F_5上有较大的载荷值，这两个指标反映的是对网络货运承运货物的质量要求；价格优势X_{611}和运输工具匹配性X_{312}两个变量在因子F_6上有较大的载荷值，这两个指标反映的是网络货运企业在竞争优势方面的情况；上游议价能力X_{131}、下游议价能力X_{132}、合作质量X_{622}三个变量在因子F_7上有较大的载荷值，这三个指标反映了网络货运企业竞争能力方面的情况；违约率X_{631}反映的是网络货运企业遭受损失的风险情况。8个主要因子的表达式如式(6-15)~式(6-22)所示。

$$F_1 = 0.854X_{111} + 0.804X_{113} + \cdots + 0.522X_{612} + 0.017X_{631} \quad (6\text{-}15)$$
$$F_2 = 0.284X_{111} + 0.653X_{113} + \cdots + 0.326X_{612} + 0.544X_{631} \quad (6\text{-}16)$$
$$F_3 = 0.265X_{111} + 0.495X_{113} + \cdots + 0.454X_{612} + 0.353X_{631} \quad (6\text{-}17)$$
$$F_4 = 0.624X_{111} + 0.379X_{113} + \cdots + 0.263X_{612} + 0.094X_{631} \quad (6\text{-}18)$$
$$F_5 = 0.307X_{111} + 0.367X_{113} + \cdots + 0.412X_{612} + 0.269X_{631} \quad (6\text{-}19)$$
$$F_6 = 0.367X_{111} + 0.322X_{113} + \cdots + 0.314X_{612} + 0.395X_{631} \quad (6\text{-}20)$$
$$F_7 = 0.516X_{111} + 0.629X_{113} + \cdots + 0.666X_{612} + 0.483X_{631} \quad (6\text{-}21)$$
$$F_8 = 0.370X_{111} + 0.445X_{113} + \cdots + 0.488X_{612} + 0.833X_{631} \quad (6\text{-}22)$$

对8个主成分进行Logit回归模型分析,采用最大似然估计法进行参数估计,构建最大似然估计函数,如式(6-23)所示。

$$L(\theta_1,\theta_2,\cdots,\theta_8) = \prod_{i=1}^{8} f(F_i;\theta_1,\theta_2,\cdots,\theta_8) \quad (6\text{-}23)$$

设置显著性水平为0.05,分别对8个因子进行显著性检验,变量的系数估计值见表6-5。

变量的系数估计　　　　　　　　表6-5

变量	B	S.E.	Wald	df	Sig.
F_1	4.347	0.824	17.125	1	0.023
F_2	-3.275	0.524	9.567	1	0.014
F_3	-3.612	0.637	12.314	1	0.004
F_4	2.387	0.331	11.217	1	0.011
F_5	-1.112	0.238	12.356	1	0.003
F_6	-2.316	0.367	2.314	1	0.000
F_7	2.126	0.247	3.561	1	0.007
F_8	1.567	0.348	12.256	1	0.031
Constant	-4.569	0.437	5.751	1	0.017

根据模型的系数估计值,可得到网络货运企业风险预警模型,如式(6-24)所示。

$$\ln\frac{p}{1-p} = -4.5694.347F_1 - 3.275F_2 - 3.612F_3 + 2.387F_4 - 1.112F_5 - 2.316F_6 + 2.126F_7 + 1.567F_8 \quad (6\text{-}24)$$

分别将训练样本和测试样本的数据代入上述模型进行检验,该模型发生第一类错误的概率是1.254%,发生第二类错误的概率是2.341%,模型整体的判别准确率是92.574%。因此,本书构建的风险预警模型具有较高的可靠性和较高的准确率。

采用本书构建的风险预警模型对调查得到的 15 家网络货运企业进行风险概率计算,计算结果按照风险概率由高到底排列,如图 6-2 所示。

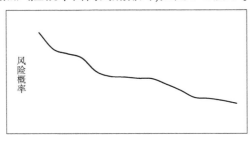

图 6-2 风险概率计算结果

由计算结果可知:

(1)企业 9、企业 14 及企业 12 的风险概率较高,分别为 67.249%、53.278%、49.345%,处于较高风险状态,可采取提高企业管理水平、降低负债率、积极扩大市场占有率、寻找优质下游实际实际承运人等措施降低网络货运企业的风险概率。

(2)企业 10、企业 15 及企业 6 的风险概率最低,分别为 11.364%、9.634%、7.125%,两企业的运营处于较好状态,可通过提高企业信息化水平、维护现有上下游合作伙伴关系等措施提高网络货运企业的运营质量和效率。

2. 结果分析

根据实例计算结果的分析可知:

(1)该模型克服了单一风险预警方法样本训练过度或不足、局部极小化、稳定性受限的缺点,能够提升风险概率计算的精确度和风险预警的稳定性。

(2)网络货运企业的风险概率与其管理水平、市场竞争强度、与托运人及实际承运人的价格谈判优势、货物的属性等因素具有较强的相关性。

(3)网络货运企业的经营过程受到运输价格、供需双方、运输方式等多种运输方式的影响,在今后的研究中,将考虑市场价格的波动、多式联运方式等对网络货运风险的影响。

第七章
CHAPTER

对网络货运运营模式研究的结论与展望

第七章 对网络货运运营模式研究的结论与展望

现阶段我国道路货物运输行业存在组织化程度较低、集约化水平不高等问题，导致全社会道路货物运输资源利用效率较低，有效供给能力不足，运输效率低下，难以适应现代物流快速发展的需求。网络货运具有资源整合能力强、品牌效应广、网络效应明显等优势，为破解我国道路货物运输业发展短板、提升货运组织化集约化水平提供了新的契机。但是网络货运尚处于发展初期，网络货运企业普遍存在线下服务能力较弱、运营模式不成熟、资源整合能力弱、一体化服务能力差、可持续发展能力不强等突出问题。为此，本书对网络货运企业运营管理过程中的几个关键问题进行了理论研究，并通过案例验证模型和算法的有效性和实用性。具体为以下几个方面的工作：

1. 网络货运基本理论研究

结合网络货运最新法规政策及网络货运企业运营实际，阐述了网络货运的概念、特点及与其他货运组织模式的区别和联系，分析了网络货运发展现状及面临的发展瓶颈和制约因素，并对中间层组织理论、合同法理论、资源整合理论等网络货运发展相关理论的国内外研究现状进行了归纳分析。

2. 建立网络货运合作伙伴评价和选择决策模型

本书梳理了合作伙伴选择的主要影响因素，在此基础上构建了合作伙伴选择评价指标体系，并建立了 DEMATEL-ANP-VIKOR 混合决策模型。首先，采用 DEMATEL 方法建立一级指标的影响关系矩阵，得到每个指标对其他指标的影响度和被影响度。然后，采用 ANP 方法确定各项二级指标的权重，客观描述各项二级指标之间的联系。接着，采用 VIKOR 算法对备选合作伙伴进行优劣排序，确定正理想解和负理想解，并将所有备选合作伙伴与正理想解、负理想解的距离进行比较和排序，得出折衷理想方案。最后，以某网络货运企业为例，运用数学模型对备选合作伙伴进行评价和优劣排序，得出最佳合作伙伴，实现了群体效用最大化、个体遗憾最小化。计算结果表明，网络货运企业在选择实际承运人时，应主要考虑货物完好率、准时率、服务成本、破损成本、总资产周转率、总资产收益率、路径优化水平、运输方式组合优化水平和灵活性等因素。

3. 建立网络货运运力资源优化配置模型

本书分析了网络货运运力资源的特点和影响运力资源整合的主要因素，对网络货运运力资源整合的内涵进行了界定，并定义了资源整合的功能和原则。基于网络货运运力资源的特征，在对比传统合作伙伴选择研究方法的基础上，建立了带有机会约束条件的网络货运运力资源优化配置模型，通过数学描述的方式对网络货运企业、实际承运人和托运人的谈判过程及博弈行为进行了量化表达,并采用微粒子群和神经网络混合智能算法对模型进行求解。最后,用某网络货运企业运力资源整合为案例进行了模拟计算。计算结果表明,该网络货运企业合作的7个车队平均有效运力使用率为93.39%,平均利润率达5.37%,不仅能够保证网络货运企业和实际承运人利润在一定的可接受范围内,而且能够帮助托运人降低运输成本,显示该模型具有较强的可行性和应用价值。

4. 网络货运信息资源整合研究

对网络货运信息资源的内涵、类型及需求进行了定义和分析,建立了网络货运信息资源整合的理论框架和数学模型,阐述了网络货运信息资源整合的技术方法。在此基础上构建了网络货运信息平台,设计了平台的主要功能结构,包括数据交换、信息发布、业务交易、行业督管四个功能模块,提出了网络货运信息资源整合流程的关键环节:信息采集、互联传导、集成与处理、信息发布,并对网络货运信息平台的运营模式提出了具体建议。最后,以某网络货运平台为例,阐述了网络货运信息资源整合的方法和途径。

5. 网络货运运营机制研究

一是分析了利益分配的主要模式,针对网络货运企业全程收费、通过合理调度、赚取运费差价的盈利模式以及与托运人和实际承运人之间进行运价谈判的特点,综合考虑运输成本、运输车型等因素,构建了基于利润分配的双层规划谈判模型。二是从信任机制、信息共享机制、监督机制三个方面分析了网络货运企业的合作机制。三是分析了网络货运企业经营过程中存在的主要风险,构建了网络货运企业 PCA-Logit 风险预警模型,该模型克服了传统风险预警方法的部分不足。最后,选取了15家网络货运企业近5年的数据作为样本进行模拟计算,先对其风险指标进行主成分分析,然后对8个主成分进行 Logit 回归模型分析,计算得出各个网络货运企业的风险概率。计算结果表明,网络货运企业的风险概率与企业的管理水平、运输市场的竞争强度、托运人的价格谈判优势及货物属性等因素具有较强的相关性。

本书在上述几个方面取得了一定的研究成果。但是从研究的过程与结果来看,尚存在一定的局限性,需要进一步深入研究。本书的局限性主要存在以下几个方面。

(1)本书研究的问题均以网络货运企业为研究对象,但是现实运输市场中存在铁路运输企业、航空运输企业、水运企业等多种不同性质的运输企业,还有各类货运中介组织、新兴的互联网运输企业和平台公司,没有研究 DEMATEL-ANP-VIKOR 混合决策模型对不同性质实际承运人(合作伙伴)选择的通用性。下一步应针对此问题进行继续研究,以提升DEMATEL-ANP-VIKOR混合决策模型在无车承运人合作伙伴选择中的推广度。

(2)主要研究实际承运人的车辆资源和托运人货源的匹配优化问题,未将实际承运人的仓储、装卸设备及社会场站资源等问题纳入模型,尚不能实现对全部道路货物运输资源的整合和优化。此外,网络货运企业还有另外一种运力资源整合模式,即把货源直接分配给实际承运人,由实际承运人来分配车辆,完成运输任务。后续研究中应对此类运力资源整合模式问题及其与第一种模式的区别和适用范围进行分析。

(3)本书建立的带有机会约束条件的网络货运运力资源优化配置模型,主要用于单一的道路货物运输运力资源的整合。我国现阶段正在大力推广多式联运技术,鼓励多种方式联合运输。该模型未考虑到多种运力联合运输的情景和多种运力资源整合优化的问题,该模型的适用性需要进一步拓展。

(4)本书在构建网络货运企业风险预警指标体系时,主要选取了网络货运企业的主要运营风险因素,而网络货运企业经营过程中面临的风险还与其所处内外部环境、运输对象以及多个交易环节、多个主体有关,涉及各种复杂的风险因素,比如多种运输方式竞争因素、运价波动因素、货物的特点等因素,今后的研究过程中应将上述因素一并考虑。

参 考 文 献

[1] 中华人民共和国交通运输部.中国道路运输发展报告(2015)[M].北京:人民交通出版社股份有限公司,2015.

[2] 中国物流与采购联合会,中国物流学会.中国物流发展报告(2015—2016)[M].北京:中国财富出版社,2015.

[3] 董娜.网络货运的优势分析和发展建议[J].交通标准化,2011,12(24):87-90.

[4] George Akerlof. The market for lemon:quality uncertainty and the market mechanism[J]. The Quarterly Journal of Ecnomics,1970,84(3):488-500.

[5] Gary Biglaiser,James W Friedman. Adverse selection with competitive inspection[J]. Jouranl of Economics and Management Strategy,1999,8(1):1-32.

[6] 荣朝和.企业的中间层理论以及中间层组织在运输市场中的作用[J].北京交通大学学报(社会科学版),2006,5(3):1-5.

[7] 董娜.大力促进无车承运规范货运市场发展[J].交通企业管理,2011(12):28-30.

[8] 黄少波,李挥剑.论无车承运在我国发展的必要性和可行性[J].交通运输部管理干部学院学报,26(1):17-20.

[9] 魏娟.道路货物运输中间性组织模式与效益研究[D].北京:北京交通大学,2011.

[10] Richard Larson. The handshake between incisible and visible hands[J]. Studies of Man & org,1993,23(1):175-181.

[11] Williamson. Comparative economics organization:the analysis of discrete structure a lternatives[J]. Administrative Science Quarterly,1991(36):269-296.

[12] Ricard Larsson. A generan theory of network governance:exchange conditionds and social mechanisms[J]. The Academy of Mangemenet Review,1997,22(4):911-945.

[13] 丹尼尔·F.斯普尔伯.市场的微观结构——中间层组织与厂商理论[M].北京:中国人民大学出版社,2002.

[14] 杨惠馨,冯文娜.中间性组织的组织形态及其相互关系研究[J].财经问题研究,2005,9(262):55-61.
[15] 冯文娜.中间性组织的结构、运行及竞争优势研究[D].济南:山东大学,2005.
[16] 杨惠馨,冯文娜.中间性组织存在的合理性与稳定性分析[J].经济学动态,2004(9):28-32.
[17] 杨惠馨,冯文娜.中间性组织的竞争优势分析[J].人文杂志,2005(1):63-68.
[18] 马行天.关于中间性体制组织的制度经济分析[J].西安石油学院学报(社会科学版),1999,2(27):51-54.
[19] 刘斯敖.中间性组织的制度分析[D].杭州:浙江师范大学,2013.
[20] 陈红儿,刘斯敖.中间性组织理论评析[J].经济学动态,2003(7):80-82.
[21] 张立军.关于中间性组织有效规模的研究[J].经济论坛,2005(20):43-45.
[22] 齐东平.中间性组织的必要性及其组织功能[J].中国工业经济,2005,3(204):22-28.
[23] 王赛楠,刘玉龙.关于中间性组织界定问题的述评[J].经济理论研究,2007(9):17-31.
[24] 王颖.交易机制、交易契约与中间性组织理论的构建[J].云南社会科学,2009(2):96-100.
[25] 刘巨钦,李大元.企业集群与其他中间性组织的比较研究[J].重庆工业高等专科学校学报,2004,19(5):94-98.
[26] 陈玉平.基于中间性组织理论的产业集群分析[J].江苏广播电视大学学报,2006,17(4):64-67.
[27] 刘彪文,占小军.基于中间性组织理论的集群效应分析[J].江西财经大学学报,2007,52(4):14-16.
[28] 陈赤平,张曦,等.产业集群升级的微观机制研究——基于核心企业双元性的新视角[J].中州学刊,2013,201(9):31-35.
[29] 李红昌,高珊,等.中间层组织改善运输及物流效率作用机制分析[J].物流技术,2009,5(3):114-116.
[30] Mary Johnson, Laura Meade, Jamie Rogers. Partner selection in the agile environment[C]//4th Annual Agility Forum Conference Proc,1995:496-505.
[31] T M A Ari Samadhi, K Hoang. Partners selection in a shared-CIM system[J]. International Journal of Computer Integrated Manufacturing,1998,11(2):173-182.
[32] Srinivsas. A framework for designing efficient value chain networks[J]. Interna-

tional Journal of Production Economics,1999,62(1-2):133-144.

[33] John K L Ho, Ricky Fung, Louis Chu, et al. A multimedia communication framework for the selection of collaborative partners in global manufacturing[J]. International Journal of Computer Integrated Manufacturing,2000,13(3):273-285.

[34] Gülçin Büyüközkan, Orhan Feyzioğlu, Erdal Nebol. Selection of the strategic alliance partner in logistics valuechain[J]. International Journal of Production Economics,2007,11(5):64-71.

[35] Erkayman Burak, Gundogar Emin, Yılmaz Aysegul. An integrated fuzzy approach for strategic alliance partner selection in third-party logistics[J]. The Scientific World Journal,2013,6(7):81-92.

[36] 陈飞儿,张仁颐.物流企业联盟伙伴的选择[J].上海海事大学学报,2004,25(3):47-50.

[37] 陈凤菊.基于多目标模糊优化的物流战略联盟伙伴选择问题研究[J].物流技术,2015,34(2):205-208.

[38] 戴勇.基于 AHP 的 DEA 分析基础上的虚拟物流企业联盟伙伴选择[J].系统工程,2002,20(3):47-51.

[39] Mary Field. Highway intermodal freight transportation: a policy and administration challenge for the New Millennium[J]. Review of Policy Research,2002,19(2):33-34.

[40] Michael Bussieek, Peter Kreuzer, Uwe Zimmermann. Optimal Lines for Railway Systems[J]. European Journal of Operational Research,1996(96):54-63.

[41] Michael Bussieek, T Lindner, M E Lubbecke. A fast algorithm for near cost optimal line plans[J]. Mathematical Methods of Operations Research,2004,59(2):205-220.

[42] M T Claessens, N M van Dijk, Zwaneveld. Cost optimal allocation of rail passenger lines[J]. European Journal of Operational Research,1998,110(3):474-489.

[43] K Ghoseiri, F Szidarovzk, M J Asgharpour. A multi-objective train scheduling model and solution[J]. Transport Research-Part B,2004(38):927-952.

[44] 邓连波.客运专线相关旅客列车开行方案优化研究[D].长沙:中南大学,2007.

[45] 彭其渊,殷勇,等.客运专线建成后铁路运输网络合理分工模型[J].西南交通大学学报,2005(6):788-792.

[46] 高红丽,高丽英.综合客运通道铁路客运专线客流分担率模型[J].物流工程

与管理,2010(7):91-93.

[47] 徐林,何世伟,等.基于K短路径的城市轨道交通运力资源配置研究[J].物流技术,2011,30(6):122-125.

[48] 苏新宁,章成志,等.论信息资源整合[J].现代图书情报技术,2005(9):54-61.

[49] Christoph Quix, Matthias Jarke. Information integration in research information system[J]. Procedia Computer Science,2014,33(115):18-24.

[50] Xiangyu Li, Xiuxi Li, Yu Qian. A web service based framework for information integration of the process industry systems[J]. Computer Aided Chemical Engineering,2005,20(4):1567-1572.

[51] Marie-Christine Rousset. Knowledge representation for information integration[J]. Information Systems,2004,29(1):3-22.

[52] L M Haas, A Soffer. New challenges in information integration[C]. Data Warehousing & Knowledge Discovery,2009,56(91):1-8.

[53] Zhouhao Wang, Zhoufeng Zhao, Jun Fang. A service-oriented approach for flexible information resource integration[C]. 31st Annual International Computer Software and Applications Conference,2007,2:573-578.

[54] 史超.电子政务信息资源整合方案与框架研究[D].西安:西安电子科技大学,2009.

[55] 贺军.电子政务信息资源整合的障碍分析[J].现代情报,2007(2):70-72,98.

[56] 牛力,李月,韩小汀.我国政务信息资源整合与共享研究综述[J].现代情报,2013(5):170-175.

[57] 朱宏意.电煤供应链物流信息资源整合研究[D].北京:北京交通大学,2009.

[58] 廖军.公路交通信息资源整合及系统实现研究[D].西安:长安大学,2009.

[59] 胡海涛.烟草工商物流信息资源整合与决策研究[D].北京:北京交通大学,2010.

[60] 杨涛,荣朝和.企业的中间层理论评述[J].北京交通大学学报(社会科学版),2007,6(4):1-6.

[61] Wernerfelt. A resource-based view of the firm [J]. View issue TOC,1984,5(2):171-180.

[62] George Jr Stalk, Philip Evans, Lawrence E Shulman. Competing on capabilities:the new rules of corporate strategy[J]. Harvard Business Review,1992(3):57-68.

[63] C K Prahalad, G Hamel. The core competence of the corporation[J]. Harvard Bus-

iness Review,1990,68(3):275-292.
- [64] Robinson,Joan. Economics of imperfect competition[M]. London:Macmillan,1933.
- [65] 伊迪丝·彭罗斯.企业成长理论[M].上海:上海世纪高教出版社,2007.
- [66] Wernerfelt. The resource-based theory of the firm[J]. Strategic Management Journal,1996,7(5):171-180.
- [67] Barney J B. The resource-based theory of the firm[J]. Organization Science,1996,7(7):469-473.
- [68] 马歇尔.经济学原理[M].南昌:江西教育出版社,2016.
- [69] Moitra D, Ganesh J. Web services and flexible business processes:towards the adaptive enterprise[J]. Information Management,2005,42(9):21-33.
- [70] 杜慕群.资源、能力、外部环境、战略与竞争优势的整合研究[J].管理世界,2003(10):145-148.
- [71] 饶扬德.新资源观与企业资源整合[J].软科学,2006,20(5):77-81.
- [72] Ge B S,Dong B B. Resource integration process and venture performance:based on the contingency model ofresource integration capability[J].2008 International Conference On Management Science and Engineering At Long Beach Usa,2008(10):281-288.
- [73] 董保宝,葛宝山,等.资源整合过程、动态能力与竞争优势:机理与路径[J].管理世界,2011(3):92-101.
- [74] 汪秀婷,程斌武.资源整合、协同创新与企业动态能力的耦合机理[J].科研管理,2014,35(4):44-50.
- [75] 唐纳德·J.鲍尔索克斯,戴维·J.克劳斯.供应链物流管理[M].3版.北京:机械工业出版社,2010.
- [76] Dorothy Leonard-Barton, Walter C Swap. When Sparks Fly:Igniting Creativity in Groups [M]. Harvard Business Review Press,1999.
- [77] 王之泰.现代物流管理[M].北京:中国工人出版社,2001.
- [78] 王佐.论物流企业的资源整合[J].中国物流与采购,2003,126(3):5-9.
- [79] 陈书明.中国大型制造企业物流资源整合研究[D].武汉:华中科技大学,2013.
- [80] 董千里.基于货运枢纽的区域物流系统研究[M].物流技术,2006(7):17-19.
- [81] V Jayaraman, V D R Guide Jr, R Srivastava. A closed-loop logistics model for remanufacturing[J]. The Journal of the Operational Research Society,1999:497-508.

[82] T Huth, D C Mattfeld. Integration of vehicle routing and resource allocation in a dynamic logistics network[J]. Transportation Research Part C Emerging Techno, 2009,17(2):149-162.

[83] AmirAhmadi-JavidaPardisSeyedia Siddhartha S. Syamb. A survey of healthcare facility location[J]. Computers & Operations Research,2017,79(3):223-263.

[84] Zi-Kui Lin, Lei Chen. Notice of Retraction Multi-target optimization model of logistics resources allocation[C]. Washington, ICMLC,2009:2587-2592.

[85] Gattorna J. Strategic Supply Chain Alignment:Best Practice in Supply Chain Management[M]. Gower Publishing Conpany,1998.

[86] 何宝民,董文洪,等.整数物流网络资源配置路径优化模型与算法[J].哈尔滨工业大学学报,2008,40(10):1677-1680.

[87] 夏伟怀,陈治亚,李燕群.基于多目标决策模型的物流资源整合效率研究[J].铁道科学与工程学报,2009,6(6):86-90.

[88] 王晓立,马士华.供应和需求不确定条件下物流服务供应链能力协调研究[J].运筹与管理,2011,20(2):44-49.

[89] 荣朝和.关于运输经济研究基础性分析框架的思考[J].北京交通大学学报(社会科学版),2009,8(2):1-9.

[90] Weber C A, Current J R, Desai A. Non cooperative negotiation strategies for vendor selection[J]. European Journal of Opera-tional Research,1998,108(1):208-223.

[91] Fontela E, Gabus A. The DEMATEL Observer, DEMATEL 1976 Report[R]. Geneva:Battelle Geneva Research Ceter. 1976:23-31.

[92] Saaty T L. Decision Making with Dependence and Feedback. The andytic net work process[M]. RWS Publication, Pittsburgh, PA,1996.

[93] Jin Woo Lee, Author Vitae, Soung Hie Kim. Using analytic network process and goal programming for inter dependent information system project selection[J]. Computers & Operations Research,2000,27(4):367-382.

[94] 黄雄峰,翁杰,张宇娇.微电网建设规划方案评估与选择[J].电工技术学报,2015,30(21):76-81.

[95] Opricovic S. Multicriteria optimization of civil engineering system[D]. Belgrade:Faculty of Civil Engineering,1998.

[96] OpricovicS, Tzeng G H. Compromise solution by MCDM methods: A comparative analysis of VIKOR and TOPSIS[J]. European Journal of Operational Research, 156(2):445-455.

[97] Zandi A, Roghanian E. Extension of fuzzy electre based on viokor method[J]. Computers and Industrial Engineering,2013,66(2):258-263.

[98] 邓雪,李家铭,曾浩健,等.层次分析法权重计算方法分析及其应用研究[J].数学的实践与认识,2012,42(7):93-100.

[99] 杨名,潘雄锋,刘荣.企业合作创新伙伴选择研究——基于 AHP-OVP 模型[J].技术经济与管理研究,2013(1):28-31.

[100] 罗志猛,周建中,杨俊杰,等.基于模糊 AHP 的虚拟研究中心合作伙伴选择[J].华中科技大学学报(自然科学版),2008,36(12):100-103.

[101] Alireza Rahimi Vahed, Teodor Gabriel Crainic, Michel Gendreau, et al. A path relinking algorithm for a multi-depot periodic vehicle routing problem[J]. Journal of Heuristics,2013:1-28.

[102] 侯爽.多车场整车任务调度问题研究[D].济南:山东大学,2012.

[103] Repoussis P P, Tarantilis C D. Solving the fleet size and mix vehicle routing problem with time windowsvia adaptive memory programming[J]. Transportation Research Part C,2010,18(5):695-712.

[104] Subramanian A, Penna P H V, Uchoa E, et al. A hybrid algorithm for the heterogeneous fleet vehicle routing problem [J]. European Journal of Operational Research,2012,3(7):1021-1032.

[105] 彭大衡,姚元端.带机会约束的动态投资决策模型研究[J].中国管理科学,2005,13(1):9-13.

[106] 邵增珍.物流匹配问题的调度模型和算法研究[D].济南:山东师范大学,2013.

[107] 王旭,田帅辉,王振锋.面向物流任务的跨组织边界物流资源优化配置[J].计算机集成制造系统,2012,18(2):389-395.

[108] 肖宁.求解随机机会约束规划的混合智能算法[J].计算机工程与应用,2010,46(22):43-46.

[109] Hong S P, Kim Y H. A genetic algorithm for joint replenishment based on the exact inventory cost[J]. Computers Operations Research,2009,36(1):167-175.

[110] 刘志雄,梁华.粒子群算法中随机数参数的设置与实验分析[J].控制理论与应用,2010,27(11):1489-1496.

[111] Carte C R, L M Ellram. Reverse logistics:A review of the literature and Framework for future investigation[J]. Journal of Business Logistics,2002,9(1):56-58.

[112] 董大海.战略管理[M].大连:大连理工大学出版社,2001.

[113] 冯耕中. 我国现代物流研究的现状与展望[J]. 现代企业管理,2002(5): 65-68.

[114] 中华人民共和国交通运输部,中华人民共和国公安部,国家安全生产监督管理总局. 道路运输车辆动态监督管理办法[Z]. 2014-1-28.

[115] 张全升,龚六堂. 基于物联网技术的智能物流的发展模式研究[J]. 公路交通科技(应用技术版),2011(03):250-252.

[116] 郑祖辉,鲍智良,等. 数字集群移动通信系统[M]. 北京:电子工业出版社,2011.

[117] 禹帆. 无线通讯网路概论[M]. 台北:台湾文魁出版社,2004.

[118] 马士华,林勇,等. 供应链管理[M]. 北京:机械工业出版社,2000.

[119] 张向阳,杨敏才,刘华明,等. 供应链管理中风险分担与利益分配机制研究[J]. 华中科技大学学报(社会科学版),2004,18(5):94-97.

[120] 马士华,王鹏. 基于 Shapley 值法的供应链合作伙伴间收益分配机制[J]. 中国管理科学,2006,11(4):43-45.

[121] 王迎军. 供应链管理:实用建模方法及数据挖掘[M]. 北京:清华大学出版社,2001.

[122] 滕春贤,李智慧. 二层规划的理论与应用[M]. 北京:科学出版社,2002.

[123] 张小宁. 双层优化交通模型及其算法[J]. 同济大学学报(自然科学版),2005,32(2):69-73.

[124] Altman E. Financial ratios, discriminant analysis and the prediction of corporate bankruptcy[J]. Journal of Finance,1968(23):589-610.

[125] 白少布. 基于有序 Logistic 模型的企业供应链融资风险预警研究[J]. 经济经纬,2016(6):66-70.

[126] 胡毅,王钰,杨晓光. 基于面板 Logit 模型的银行客户贷款违约风险预警研究[J]. 系统工程理论与实践,2015,7(35):1752-1759.

[127] 傅强,陈园园,刘军,等. 基于面板数据和动态 Logit 方法的金融危机预警模型[J]. 中央财经大学学报,2015,1:33-40.